해외여행을 위한
영어 말하기 능력
1시간 완성

해외여행을 위한 영어 말하기 능력

초판 1쇄 발행 2019년 10월 31일
지은이 김성중
펴낸이 김미영
펴낸 곳 언어사랑교육
삽화 신연지
디자인 제이로드
영문감수 Mr. Raphael Joseph Akiki
영문성우 Amy Aleha, Daniel Kennedy
교재인쇄 새한문화사
언어사랑교육 경기도 고양시 일산동구 고풍로 72-41
전화 031-811-7260
팩스 031-908-3537
전자우편 lve_kimmiyoung@naver.com
홈페이지 http://www.languageloveeducation.com

ISBN 979-11-966276-7-6

저작권법: 이 교재의 내용은 저작권법에 의해 보호받습니다. 이 교재 내용의 전부 또는 일부를 사용하시려면, 반드시 저자와 언어사랑교육의 서면동의가 있어야합니다.

김성중

오하이오 주립대학교 교육대학원 TESOL(제2언어로서의 영어교육) 박사

경력

현 고려대학교 글로벌 비즈니스대학 글로벌학부 재직 중
전 한국중원언어학회 <언어학연구> 영문초록 감수위원장 & 한국중원언어학회 총무이사
전 오하이오 주립대학교 교육대학 연구조교 & 행정조교
전 오하이오 주립대학교 외국어 센터 연구조교

연구 활동

Kim, S. J. (2004). *Exploring willingness to communicate (WTC) in English among Korean EFL (English as a Foreign Language) students in Korea: WTC as a predictor of success in second language acquisition. Unpublished doctorial dissertation. The Ohio State University.*

Kim, S. J. (2016). A study explicating the relationship between L2 listening and L2 reading competence. Studies in Linguistics 41, 71-93.

김성중. 정은. (2016). 대학영어교육 설계를 위한 요구분석. 언어학연구, 39, 67-90.

김성중. (2011). 영어 독해과제와 영어 독해전략 선택간의 관련성 조사. 언어학연구, 21, 45-71

김성중. (2011). 초등학교에서의 원어민 교사와의 효과적인 협동수업: 우수학교 사례 중심으로. 영어 영문학 연구, 53(2), 33-58.

Kim, S. J. (2010). Investigating the relationship between L2 parsing skills and L2 reading fluency. *The Jungang Journal of English Language and Literature, 52(3), 111-135.*

김성중. (2010). 영어 청해 능력과 독해 능력간의 언어 전이 가능성 조사. 언어학연구 16, 99-116.

Kim, S. J., & Nam, J. M. (2009). A discourse analysis of a KFL classroom using English in America. *The Language and Culture, 5(3), 161-191.*

김성중. (2009). 영어 운율 읽기와 영어 듣기 능력과의 상관관계 조사. 영어영문학연구 51(4), 139-155.

김성중. (2009). 제2언어 문어능력 활용을 통한 제2구어능력 향상: 성공적인 한국 영어 학습자 사례 소개. 훼밍웨이와 세계어문학연구 16, 7-33.

Kim, S. J. (2009). Surveys on L2 readers' perspective on L2 reading competence at developmental stages. *The Jungang Journal of English Language and Literature, 51(1), 59-85.*

김성중. *(2007).* 한국 대학생의 영어 의사소통 긴장감 연구. 영어어문교육 *13*(4), 211-231.

Kim, S. J. (2007). The importance of L2 parsing skills for L2 reading fluency. *English Teaching, 62*(2), 31-46.

출판

해외여행을 위한 영어 말하기 능력 1시간 완성

영어단어능력 8주 완성: 기초반

영어단어능력 8주 완성1: 초급반

영어단어능력 8주 완성2: 중급반

수상경력

2004 L2 Special Interest Group Outstanding Dissertation Award in L2 Research AERA(우수 논문상 *AERA: American Educational Research Association)

고려대학교 우수강의상 (3회), 고려대학교 석탑강의상 (1회)

목차

책을 시작하면서 ·· 07
교재 활용법 ·· 27

해외여행 준비하기　　　　　　　　　　　　　　　　　31

- "일상 영어 말하기 능력 1시간 완성" 가능성 이해하기 ············· 32
- 4개의 절차적 단계와 영어 표현들 ·· 38
  - 첫 번째 단계: 만날 때 인사하기 ·· 39
  - 두 번째 단계: 용무(상품 또는 서비스 구매) ·························· 45
  - 세 번째 단계: 보상 ·· 58
  - 네 번째 단계: 인사 ·· 64

출국 준비하기　　　　　　　　　　　　　　　　　　　69

- 비행기 표 예약하기 ·· 70
- 숙박시설 예약하기 ·· 74
- 출국하기 ··· 78
  - 공항으로 출발 ··· 78
  - 탑승 수속 ·· 79
- 보안 검색대 통과하기 ·· 83
  - 기내에서 ·· 85
  - 입국심사 받기 ··· 89

해외여행 백 배 즐기기　　　　　　　　　　　　　　　96

- 교통편 이용하기 ·· 98
- 호텔 투숙하기 ·· 100
- 아침식사 주문하기 ·· 103
- 길 찾기 ·· 110
- 교통수단 이용하기 ·· 120

구매하기　　　　　　　　　　　　　　　　　　　130

- 관람(오락) 서비스 구매하기 ··· 132
- 음식(음료) 서비스 구매하기 ··· 143
  - 아이스크림 구매하기 ··· 143
- 커피(음료) 구매하기 ·· 146
- 식당에서 음식(서비스) 구매하기 ·· 150
  - 전화로 음식 주문하기 ·· 154
- 기타 서비스 구매하기 ··· 158
  - 은행 서비스 구매하기 ·· 158
  - 우편 서비스 구매하기 ·· 161
  - 의료 서비스 구매하기 ·· 163

결론　　　　　　　　　　　　　　　　　　　　　170

부록 ·· 173
길 찾기 대화 원고 ··· 183

책을 시작하면서

 "해외여행을 위한 영어 말하기 능력 1시간 완성" 교재는 "영어 말하기 능력 8시간 완성방법"의 기초단계 교재이다. 이 교재에 이어 "영어 말하기 능력 8시간 완성방법 - 영어학습자용"을, 그 다음으로 "영어 말하기 능력 8시간 완성방법 - 영어전공자용"을 출간할 것이다. 이러한 결정은 언어능력은 자연적 발달단계순서(Natural Order)를 거쳐 완성해 간다."라는 영어교육 이론에 바탕을 둔 것이다. "해외여행을 위한 영어 말하기 능력 1시간 완성" 교재를 마친 후, 영어 말하기능력을 더욱 발전시키고자 한다면, "영어 말하기 능력 8시간 완성방법" 교재를 확인할 것을 권고한다.

 2018년 8월 1일 "영어능력 8시간 완성방법: 말하기 & 듣기 편" 교재에 대한 저작권 등록증을 수령하고, 집으로 향하던 그 감격스런 날을 평생에 잊지 못할 것이다. 우여곡절 끝에 수수께끼 같은 언어습득과정의 비밀을 밝혀냈다는 기쁨과 자부심에 그토록 감격스러웠던 것이다. 나는 너무나 기뻐, 나의 기쁨을 누군가와 함께 나누고 싶었고, 가방에서 영어책을 꺼내어 어린 딸에게 건네는 한 어머니를 보게 되었다. "그래 영어에 관심이 많은 저 분은 나의 기쁨을 공감하고 축하해 줄 거야!" 자랑할 기회를 찾던 나는, 환승하는 나와 우연찮게 같은 지하철역에서 내리는 그 어머니 곁을 따라 걸으며, "제가 '영어능력 8시간 완성방법: 말하기 편' 책을 완성했습니다."라고 말했다. 나의 바람과 기대와는 다르게 그 어머니는 아무런 대답도 그리고 반응도 보이지 않았다. 그런 어머니에게 나는 "책이 출간되면 한 번 살펴봐 주세요!"라고 체념하듯 말하였다. 어머니는 낮은 목소리로 "예"하며 나와 점차 멀어졌다.

이 이야기를 주변사람들에게 들려주었더니, 대부분의 사람들은 "낯선 사람이 다가와서 그렇게 얘기하면, 나라도 반응하지 않았을 것이다."라고 말하였다. 나도 그 대부분 사람의 의견에 동의한다. 그러나 나는 낯설음이라는 이유 외에도 또 다른 이유가 있다고 생각한다. 그리고 그 이유는 "영어능력을 8시간 만에 완성하는 것이 과연 가능할까?"라는 영어학습자의 강한 의심 때문일 것이라고 믿는다. 교재를 시작하고 완성해가는 과정에서, 내가 겪었던 가장 힘든 경험도 주변사람들의 이러한 강한 의심 때문이었다. 가능성을 믿는 나는 분명히 "영어능력 8시간 완성방법"이라는 나의 영어교재가 "영어습득과정"의 비밀을 밝혔고, 영어학습과 영어능력습득 완성을 위한 가장 효율적인 교재라고 확신한다.

그러나 이 교재의 우수성과 효율성에도 불구하고, 영어학습자의 강한 의심을 해소하지 못한다면, 학습자는 이 교재를 선택하여 읽지 않을 것이며, 그렇다면 이 교재는 그냥 필요 없는 종이에 불과하다는 사실을 나는 잘 알고 있다. 그래서 나는 "영어 말하기능력을 8시간 만에 완성하는 것이 과연 가능할까?"라는 영어학습자의 강한 의심을 먼저 해소해야만 한다. 그리고 그 가능성을 설명하기 위해 많은 지면을 할애했다. "영어 말하기능력 8시간 완성"의 가능성을 믿는다면, "책을 시작하면서" 부분을 건너뛰고, 바로 이 교재의 내용부터 시작할 것을 권고한다. 그러면 해외여행을 위한 좀 더 빠른 영어 말하기 학습이 될 것이다.

강한 의심을 해소하기 위해, 저작권 등록을 한 원고에서는 "영어능력

8시간 완성방법"을 "밥 짓기"와 비교하였다. 요즘은 다양한 기능의 전기밥솥을 이용하여 쉽게 밥을 지을 수 있지만, 나는 초등학교 5학년 때 처음으로 밥을 짓는 법을 배웠다. 밥 하는 법을 배우기 전까지 나는 어머니가 해 주시는 밥만을 먹을 수 있었고, 어머니의 귀가가 늦어 저녁식사가 늦어질 때면, 배고픔을 참아야만 했다. "밥 짓기"와 비교해서 내가 주장한 견해는 이렇다: 밥을 어떻게 하는 줄 알고 있다면, 배고픔을 참을 이유가 없으며, 가족식사 시간에 따라 먹고 싶지 않을 때에도 먹어야하는 불편함과 곤혹도 없었을 것이다.

밥을 짓는 방법을 배우는 데는 1시간이면 충분하다. 그리고 설은 밥, 질은 밥, 탄 밥, 삼층밥이라는 시행착오를 거쳐 좀 더 맛있게 밥을 지을 수 있는 방법을 발전시켜 나갈 수 있는 것이다. 즉 1시간동안의 밥 짓는 방법 학습과 연습을 통해 밥 짓는 법을 완성해 갈 수 있는 것이다. 밥 짓는 법을 알게 된다면, 배고픔을 견뎌야하는 불편함도 그리고 폭우나 폭설이 내리는 궂은 날에 식당에 갈 필요도 없을 것이다. 영어능력도 마찬가지이다. 8시간을 투자하여, 영어능력을 효율적으로 발전시킬 수 있는 방법을 배우게 된다면, 요리사 같은 선생님 없이도 영어능력을 발전시킬 수 있으며, 식당 같은 학원의 도움 없이도 스스로 영어능력을 성공적으로 발전시킬 수 있는 것이다.

"밥 짓기"와의 비교만으로는 충분한 설득이 될 수 없을지도 모른다. 설득을 위한 또 다른 예는 "검도 배우기"이다. "검도를 배우는 데 1시간이면 충분하다!"라고 말하면 믿을 수 있는가? 검도를 배워 본 경험이 없다면, 아마 믿기 어려울 것이다. 그러나 나의 경험으로는 "1시간"이면 충분하다고 생각한다. 내가 검도를 처음 시작할 때, **세 개의 기본 동작을 배웠다: 머리, 허리, 그리고 손목(치기). 그리고 나는 이 세 개의 동작을 반복적으로 연습하였고, 얼마나 열심히 연습하느냐에 따라 검도 실력 향상의 속도와 질이 달라진다고 믿었다.** 그리고 이 세 개의 기본 동작이 숙달되었다고 생각할 때쯤, 실력이 비슷한 교습생과 대련을 할 수 있게 되었다. 대련을 하면서, 세 개의 동작을 이용하여 상황에 따라 그리고 상대에 따라 방어와 공격을 달리할 수 있다는 것을 깨달았다. 대련을 통해 다양한 상황을 경험하며, 기본 동작을 상황에 따라 좀 더 능숙하게 대처 활용하면서 검도 실력을 향상시킬 수 있었다.

검도뿐만 아니라, **기본동작을 배우고 자신의 연습과 노력 결과에 따라 실력과 기술을 발전시킬 수 있는 다양한 취미활동들을 우리는 일상적으로 경험하고 있다.**

잠시 생각해 보아라. 당신이 경험한 취미활동 중에 간단한 교육으로 배우고, 연습을 통해 완성할 수 있는 그런 기술 또는 능력이 어떠한 것들이 있는지를... 피아노? 기타? 당구? 발레? 자전거? 스케이트? 내가 경험한 테니스도 마찬가지라고 생각한다. 기본자세와 기본동작(포핸드와 백핸드 스트로크 그리고 서브)을 배우는데 1시간이면 충분하다. 이제 얼마나 빠르고 능숙하게 테니스 실력을 발전시키느냐는 개인의 노력과 연습에 달려있다. 자신의 노력과 연습만으로도 취미를 위한 테니스 실력을 충분히 발전시킬 수 있다고 초보자들은 믿고 있다. 상대와 시합을 할 수 있는 충분한 실력을 갖추기 위해, 초보자는 공을 벽에다 치면서 기본자세와 기본동작을 연습하는 것도 이러한 믿음 때문이라고 나는 생각한다.

내가 경험한 또 다른 좋은 예는 탁구이다. 테니스와 마찬가지로 기본자세와 기본동작(포핸드와 백핸드 스트로크 그리고 서브)을 배우는데 1시간이면 충분하다. 그리고 스트로크 연습과 타인과의 탁구경기를 통해 다양한 상황을 경험하면서, 다양한 상황에 대처할 수 있는 기술을 배워가며 탁구 실력을 더욱 발전시켜 나간다. 훌륭한 지도자의 도움을 받아 최고의 기본자세와 기본동작을 배운다고 하여도, 자신의 노력과 연습 경험이 없다면 탁구실력을 발전시켜 나갈 수는 없는 것이다.

해외여행을 위한, 일상 영어회화능력도 마찬가지이다. **4개의 절차적 단계에 필요한 기본적인 표현을 학습하고, 일상생활에서 발생하는 다양한 영어의사소통 상황을 경험하며, 영어 말하기 능력을 자연스럽게 발전시켜 나가는 것이다.** 4개의 절차적 단계란, 우리는 일상생활 속 어디를 가든 4개의 절차적 단계에 따라 의사소통을 한다. 누구를 만나든 ❶ 인사를 하고, ❷ 자신의 용무(상품구매 또는 서비스구매)를 말할 것이며, ❸ 구매에 따른 보상을 한다. 그리고 헤어질 때 다시 ❹ 인사를 할 것이다. 잠시 시간을 갖고 당신의 일상생활을 생각해 보자. 혼자 있는 상황이 아니라면, 식당, 카페, 병원, 도서관, PC방, 영화관, 다양한 상점(편의점, 옷가게, 정육점, 생선가게, 채소가게, 과일가게)에서 당신은 ❶인사 - ❷용무(상품구매 또는 서비스 구매) - ❸보상 - ❹인사라는 4개의 절차적 단계를 경험할 것이다. 따라서 이 4개의 절차적 단계에 필요한 표현을 알고 있다면, 일상생활 어떠한 상황에서도 성공적으로 의사소통을 할 수 있다고 나는 확신한다.

당신이 영어학습자가 아닌, 한국어를 배우는 외국인을 가르치는 교사라고 가정하자. 당신도 나처럼 한국어를 배우는 외국인 학습자에게, "**4개의 절차적 단계에 필요한 표현을 알고 있다면, 한국사회에서 어디를 가든 성공적으로 의사소통을 할 수 있다.**"라고 말할 수 있을 것이다.

예를 들어보자. 당신은 편의점 알바를 하고 있다. 외국인 손님이 편의점에 들어오면, 당신은 ❶인사를 할 것이다. 그러면 그 외국인 손님도 당신에게 "**안녕하세요!**"라고 인사를 건넬 것이다. 그리고 그 외국인 손님은 "소주 **주세요?**"라며 구매의사를 밝히며 ❷용건을 말할 것이다. "네 냉장고에 있어요!"라고 했는데, 그 외국인 손님이 당신 말을 알아듣지 못한다면 당신은 어떻게 할 것인가? 아마도 당신은 그 외국인을 배려하여, 냉장고에 가서 소주를 한 병 꺼내 계산대로 갈 것이다. 그러면 그 외국인 손님은 "**얼마에요?**"라고 ❸보상을 하기 위해 가격을 물을 것이다. 어쩌면 모니터에 가격이 나타나니 이런 질문 자체를 하지 않을 수도 있다. 그리고 구매를 마친 손님이 편의점을 나설 때 "안녕히 가세요!"라며 당신은 ❹인사를 할 것이고, 그 외국인 손님도 (아마도) "**안녕히 계세요!**"라고 당신에게 인사를 건네며, 편의점을 나갈 것이다.

이번에는 식당에서 알바를 한다고 하자. 당신은 4개의 절차적 단계에 따라 외국인 손님을 응대할 것이다. 손님이 오면 ❶인사를 할 것이고, "주문하시겠어요?"라고 하며 그 외국인 손님의 ❷용무를 확인할 것이다. 그 외국인 손님은 "비빔밥 주세요!"라고 하며 자신의 ❷ 용무를 밝힐 것이다. 그리고 비빔밥을 먹은 후 "얼마에요?"라고 하며 ❸ 보상을 할 것이다. 그리고 헤어지며 "안녕히 계세요!"라고 ❹인사를 할 것이다. 카페에서도 마찬가지이다. 외국인 손님은 ❶ 인사하고 "아메리카노 주세요!"라고 ❷용무를 얘기하고 "얼마에요?"라고 말하며 ❸보상을 하고, "안녕히 계세요!"라고 ❹인사를 건네며 카페를 나설 것이다.

그 외국인 손님은 "안녕하세요!"라는 ❶인사말과 "소주 주세요!" "비빔밥 주세요!" "아메리카노 주세요!"와 같이 "원하는 상품(서비스) + 주세요!"라는 표현만으로 ❷용무를 해결할 수 있었다. 그리고 "얼마에요?"라는 표현 하나로 "상품(서비스) 구매"에 따른 ❸보상을 할 수 있었고, 헤어질 때 "안녕히 계세요!"라는 표현으로 ❹인사를 하며 성공적으로 당신과 한국어로 의사소통을 할 수 있었다. 4개의 절차적 단계에 필요한 표현만으로 의사소통할 수 없는 한국의 의사소통상황을 당신이 찾는다면, 그 것이 쉽지 않다는 것을 당신은 곧 깨달을 것이다.

영어권 국가에서도 마찬가지이다. 직원(사장)은 손님이 오면 **❶인사할 것이며**, **❷용무(상품 또는 서비스 구매)를 물을 것이다**. 그리고 용무에 대한 **❸보상을 요구하면, 손님은 보상을 할 것이다**. 그런 후 용무가 끝나면 떠나면서 **❹인사를 건넬 것이다**. 따라서 4개의 절차적 단계에 필요한 표현만을 알고 있다면, 한국을 찾은 그 외국인 손님처럼 당신도 영어권 국가, 그리고 영어가 세계적 의사소통언어라고 생각한다면, 어쩌면 세계 어느 나라에서든 성공적으로 의사소통 할 수 있을 것이다.

지금까지 설명한 내용으로 해외여행을 위한 "일상 영어 말하기 능력 1시간 완성"에 대한 강한 의심을 어느 정도 해소하였다고 생각하였다. 그런데 주변사람(독자)들은 또 다른 강한 의심을 제기하였고, 나는 그 강한 의심을 다시 한 번 해소해야만 하였다. 그것은 **"4개의 절차적 단계에 필요한 표현만으로, 일상 영어회화 능력을 어떻게 능숙하게 그리고 유창하게 발전시킬 수 있는가?"**라는 주장이었다.

이러한 주장에 대한 나의 견해는 이렇다. 말을 배워가는 갓난아기가 처음부터 엄마 또는 아빠와 말을 주거니 받거니 하면서 언어(우리말)능력을 발전시켜 나가는 것이 아니다. 즉, 아이가 태어나서 "엄마!" 또는 "아빠!"라고 말을 할 수 있는 것이 아니다. 엄마 또는 아빠가 "엄마~ 해봐!" "아빠~ 해봐!"라고 하면서, 아이에게 "엄마 아빠"라는 단어를 자주 들려주기 때문에, 아이는 그 단어들을 배울 수 있는 것이다. 단어 하나를 이해하고 말을 하기 위해서는 그 단어를 3,000번 이상 들어야만 한다는 주장도 있다. 그래서 아이가 "엄마! 또는 아빠!"라는 단어를 따라하지 못하더라도 가족들은 실망하거나, 아이가 우리말을 배울 수 없을 것이라고 걱정하지도 않는다. 대신에 끊임없이 "엄마 해봐!" 또는 "아빠 해봐!"라고 하며 단어를 들려준다. 언젠가 자연스럽게 단어를 이해하고 발화할 수 있다고 확신하고 있기 때문이다.

엄마와 말을 주고니 받거니 대화할 수 없는, **아이가 언어능력을 발달함에 있어 언어자료가 필요하다.**"라는 사실을, 아이 엄마는 잘 알고 있다. 그래서 아이가 엄마하고 대화할 수 없다는 것을 알면서도 아이에게 혼잣말을 하면서 언어자료를 제공한다. 예를 들면, 배가 고파 울고 있는 아이에게 아무 말 없이 그냥 분유를 주기보다는, "에구! 우리 아가 배가 고파서 울어요?" "잠깐 기다려요. 엄마가 분유 타 올게요!"라며, 아이와 대화하듯이 혼잣말을 하는 것을 종종 목격한다. 엄마는 아이의 반응을 기대하기 보다는, 아이가 엄마의 말을 들으면서 언어능력을 발달시킬 수 있다는 것을 잘 알고 있기 때문이다. 이 책의 독자인 당신도 모국어 발달단계에서 이러한 과정을 분명히 경험하였을 것이다.

위의 아이 엄마처럼, 언어를 배우고 언어능력을 완성해 가는 아이가, 상대방과 대화를 하면서 완성해가기 보다는, 주변의 발화된 언어를 완성해 간다는 다양한 주장들이 있다. 대표적인 영어교육 이론 중 하나는 문장구조(문법)를 이해하며 언어능력을 완성해 가는 과정을 설명한 이론이다. 우리는 "맘마"라는 한 단어로 의사소통하는 아이를 성인으로 생각하지 않는다. 언어능력 관점에서, "엄마 밥 … 엄마 밥 …"이라고 한 두 단어로 의사소통하는 아이도 성인이라고 생각하지 않는다. 대신 "어머니 밥 주세요!"라며 문장으로 의사소통할 수 있는 자녀를 우리는 언어를 완벽하게 구사할 수 있는 성인이라고 확신한다.

언어(능력)습득과정이란, 이와 같이 한 두 단어로 시작하여 문장을 완성할 수 있는 능력을 습득하는 과정을 말한다. 즉, 언어습득이란 거창한 것이 아니고 복잡하고 어려운 것도 아니다. 단어를 조합하여 문장을 만들어 의사소통 할 수 있는 능력을 완성하는 것이다. 위에서 설명한 것처럼, 중요한 것은 아이가 처음부터 문장을 말할 수 있는 능력을 가지고 태어난 것이 아니다. 어린아이는 단어를 먼저 습득하고, 언어발달을 진행함에 따라 단어를 조합하여 두 단어 또는 세 단어만을 이용하여 의사소통하는 발달단계를 거친다. 그리고 언어를 습득하였다고 믿어질 때 문장으로 의사소통 하는 언어능력을 보여준다.

어린아이가 이러한 언어발달단계에서, 가장 기초단계에서는 의식주를 해결하기 위한 생존언어(Survival language)를 학습하며, 사회를 접하면서(유치원 학습), 친구를 사귀고 교류를 위한 사회언어(Social language)를 발전시킨다. 그리고 본격적으로 학교교육(초중등교육/고등교육)을 시작하며, 자신의 사고와 지식을 표현하고 교류하는 학술적 언어(Academic language)로 더욱 발전시킨다. 모국어가 아닌 영어를 배우는 학습자도 이러한 과정을 인정하고, 이러한 과정에 맞게 단계적으로 영어능력을 발전시킬 필요가 있다.

언어습득 과정에서, 아이가 문장을 완성할 수 있는 문법능력을, 엄마와의 대화를 통해 완성해 가는 것이 아니라고 하였다. 아이는 엄마와의 대화보다는 엄마가 발화한 언어자료를 듣고 문법능력을 완성해 가는 것이다. "어! 엄마 말을 들어보니 '예쁘게 소녀'라고 안하고 '예쁜 소녀'라고 하네!"라고 이해하며 이와 같이 발화하는 것이다. 그리고 문장수준에서는 "어! 엄마 말을 들어보니, '엄마는 읽을 거예요 책을!'이라고 안하고 '엄마는 책을 읽을 거예요!'라고 하네!" 이와 같이 한국에서 태어난 아이는 엄마의 말을 들어가며, 문장이 "주어 + 목적어 + 동사"라는 구조로 이루어 졌다는 사실을 이해하고 이와 같이 발화할 것이다. 반면 미국에서 태어난 아이는 엄마의 말을 들어가며 "엄마는 읽을 거예요 책을!"와 같이, "주어 + 동사 + 목적어"라는 구조로 문장이 구성되었다는 사실을 이해하고 모방하듯 엄마처럼 발화할 것이다(Richard-Amato, 2007, p.27). 다시 말해, **초기 언어발달단계에서는,** 대화를 통해서 언어능력을 완성해가기 보다는, **주변의 발화된 말(언어자료)을 통해, 언어의 특징을 이해하며 언어능력을 발전시키고 완성해 가는 것이다.**

"초기 언어습득과정에서 발화보다는, 주변에서 발화되는 말이 언어발달에 중요하다"라고 주장한 또 다른 이론은 "침묵기(A Silent Period)"이다. 어린이는 외국어 학습에서 성인들보다 훨씬 더 뛰어난 결과를 얻는다고 믿는다. 조기영어교육을 주장하고 실행하는 사람들도, 성인들보다 훨씬 더 뛰어난 어린이의 영어 학습결과를 근거로 삼고 있다.

외국어인 영어를 배우는 발달단계에서, (어린)아이는 성인들이 사용하는 전략과는 아주 다른 학습전략을 활용한다. 처음부터 발화를 통해 외국어능력을 발달시키는 성인들과는 다르게, 아이들은 어느 정도의 침묵기(A Silent Period)를 거친다. 외국어 발달초기부터 발화(Production)하기보다는, **주변에서 발화하는 언어자료를 듣고 언어의 특징을 이해(Comprehension)해 가면서 언어능력을 발전시켜 나가기 위해, 아이는 침묵기를 거치는 것이다.** 즉 언어생산 전에 언어이해(Comprehension Before Production)가 필요하다는 것을 아이는 너무도 잘 알고 있는 것이다. 초기에는 처음부터 발화하는 성인들을, 침묵하는 아이보다 훨씬 뛰어난 언어학습자라고 여긴다. 그런데 침묵기를 거친 아이가 성인들보다 훨씬 더 유창하게 목표언어를 말하는 것을 보며, 아이가 언어학습에서는 훨씬 더 뛰어난 학습자라는 사실을 받아들인다. 그리고 목표언어 발화전에 주변에서 발화되는 언어자료를 바탕으로 목표언어 이해가 언어발달 초기에서 매우 중요하다는 사실도 깨닫는다.

　이와 같은 아이들의 언어학습 특징인 침묵기를 허용하여 언어학습 초기 단계에 언어발달을 도모하는 교수법이 "전신 신체 반응(Total Physical Response)" 교수법이다: 예) "앉으세요!"라고 하면 아이는 "예!"라는 대답대신에 신체적 반응, 즉 앉도록 유도하는 언어교수법이다. 이 밖에도 "이해 가능한 언어자료(Comprehensible Input)"와 같이, 언어학습자의 주변에서 얻을 수 있는 언어자료가 언어습득을 위해서 중요하다고 주장하는 영어교육 이론들은 적지 않다.

　말을 하면서 배울 수도 있지만 상대방의 말을 들으며 영어능력을 발전시킬 수 있다는 사실을 이해하는 것은 중요하다. 이 사실을 이해한다면, 영어발달 초기에 있는 학습자는 자신이 대화를 주도해가야 한다는 부담감과 책임감을 조금은 덜 느낄 것이다. 즉 초기단계 학습자는 이러한 부담감과 책임감 때문에 영어 의사소통 자체를 두려워하여, 영어능력을 발달시킬 수 있는 기회를 놓쳐서는 안 된다. 상대방은 당신이 영어초보자라고 생각되면, 당신이 이해하기 쉬운 외국인 화법(Foreigner talk)으로 영어대화를 주도해 갈 것이다. 그러면 상대방은 당신과 인터뷰를 진행하는 진행자가 되는 것이며, 학습자인 당신은 인터뷰에 응하는 사람으로 인터뷰 질문에 답을 하면 되는 것이다.

그리고 대화의 중요한 특징 중 하나는, 대화를 주도해가는 상대방의 질문에 이미 답이 있다는 것이다. "I'm ready to order."는 "Are you ready to order?"라는 질문에 대한 대답이며, "I would like a cup of coffee."는 "What would you like?"라는 질문에 대한 답이다. "I would like my steak well-done."은 "How would you like your steak?"라는 질문에 대한 답이다. 따라서 대답을 통해서 질문을 유추할 수 있고 예측할 수도 있다는 것이다. 즉 대답을 할 수 있다면 자연스럽게 질문도 할 수 있게 된다는 것이다. "I'm studying English."는 어떠한 질문에 대한 대답인가? 이와 같이 질문에 답이 있다고 생각한다면 상대방이 주도하는 대화를 좀 더 적극적으로 참여하게 될 것이며, 상대방의 말을 들으며 영어능력을 발달시킬 수 있는 가능성을 높일 것이다.

지금까지 소개한 이론들의 공통적 핵심은, 언어발달 초기에서는 발화보다는 듣기를 통해서 의사소통 능력을 발달시킬 수 있다는 것이다. 따라서 "해외여행 중, 4개의 절차적 단계에 필요한 표현만으로 의사소통하면서 그리고 상대방이 발화한 영어를 들으면서, 일상생활에 필요한 영어 말하기 능력을 성공적으로 발달시킬 수 있다."라고 주장하는 것이다. 비유적으로 부연설명하자면, 검도처럼 세 개의 기본동작을 익히고 연습을 통해서, 그리고 대련 중 다양한 상황을 경험하면서, 자연스럽게 검도 실력을 발전시키는 것처럼, 그리고 포핸드 스트로크와 백핸드 스트로크 그리고 서브라는 기본동작을 배우고 연습하여, 경기 중 다양한 상황을 경험하면서 테니스 또는 탁구 실력을 발전시키는 것처럼, **4개의 절차적 상황에 필요한 표현으로 다양한 대화상황을 경험하면서, 상대방의 영어발화를 들으며 그리고 대화를 하면서 영어능력을 자연스럽게 발전시키는 것**과 같은 이치라고 주장하는 것이다.

이제 4개의 절차적 단계에 필요한 표현만으로 영어의사소통을 할 수 있고, 결과적으로 일상생활에 필요한 영어의사소통능력(Survival English)을 발전시킬 수 있다는 가능성을 설득할 수 있었다. 그런데 주변의 영어학습자들은 또 다른 문제점을 제기하였다. "**해외여행을 많이 가봐야 1년에 한 번 갈까 말까인데, 어떻게 다양한 상황을 경험하고 상대방의 말을 들으면서 영어능력을 발전시킬 수 있나요?**"라는 견해이다.

"영어 말하기 능력 8시간 완성방법"에서도 주장했듯이, **나의 견해는 해외여행을 하며, 다양한 상황을 경험하고 상대방이 발화한 영어를 들으면서 영어능력을 발전시켜야 한다는 것이 아니다**. 나의 일관된 주장은, 한국 생활환경과 영어권 국가 생활환경에서 나타나는 공통적 특징인 "**보편적 핵심(Common Core)**"에 바탕을 두어 한국의 일상생활에서 영어의사소통 능력을 **발전시키자**는 것이다. 한국의 일상생활 속 대부분의 상황에서 우리는 4개의 절차적 단계로 의사소통이 가능하며, 영어권 국가의 일상생활 속에서 발생하는 대부분의 상황에서도 4개의 절차적 단계로 의사소통이 가능하다는 보편적 핵심을 활용하라는 것이다.

예를 들면, 한국에서 "**How much is this(이거 얼마에요)?**"를 배운다면, 이 표현은 영어권 국가 어디에서든 활용할 수 있다. "친구야! '도서관에서 이 책 대출하고 싶어요!'를 영어로 어떻게 표현하지?" 친구에게 도움을 청하면 친구는, "응 그건 '**I would like to check this book out!**'이라고 하면 돼! 간단하게는 '**Check out, please!**'라고 하면 된다." 이렇게 한국의 도서관

상황에서 배운 표현은, 영어권 국가의 도서관에서 책을 대출하고 싶을 때 사용할 수 있는 표현이다. 당신이 영어권 국가에 있다고 하더라도, 당신의 영어능력이 기초단계에 있다면, 이러한 방식으로 우리말을 할 수 있는 주변 친구의 도움을 받아 영어능력을 차근차근 발전시켜나가는 것이 일반적이다. 은행에서 "은행계좌를 개설하고 싶어요!"라는 표현은 어떻게 할까? 아마 이 문장을 영어로 표현할 수 있는 사람을 당신은 주변에서 쉽게 찾을 수 있을 것이다. 그리고 한국에서 "은행계좌를 개설하고 싶어요!"라는 문장을 표현할 수 있다면, 영어권 국가에서 은행계좌를 개설할 수 있는 것이다.

주변에서 영어학습의 도움을 찾을 수 없다면, 요즘 유행하는 번역기를 활용하도록 하자. "에이 그러면 여행 중에도 번역기를 이용하면 되지 않겠는가?"라고 주장하는 사람도 있을 것이다. 이 교재를 활용하여 영어 말하기능력을 발전시키고자 하는 영어학습자는, **번역기의 도움 없이도 유창하게 영어 의사소통을 할 수 있는 영어능력을 원하는 학습자**일 것이다. 영어교육의 궁극적 목적도 영어학습자가 독립성(Independence)을 성취할 수 있도록 도와주는 것이다. 영어 발달단계 초기에, 번역기 또는 교사에 의존하는 의존성(Dependence)에서 영어능력을 점차 발전시켜, **번역기 또는 교사의 도움 없이 독립적으로 영어 의사소통을 할 수 있는 능력으로 발전시킬 수 있도록 도움을 주는 것이 영어교육의 궁극적 목표이다**. 당신이 성장할 때도, 알지 못하는 궁금한 표현이 있다면, 번역기 역할을 하는 엄마의 도움을 받았을 것이다: "엄마 국적(Nationality)이 뭐야?" "응! 우리 공주님은 한국 사람이지? 한국이 공주님의 국적이야!"

그러면 "**주변사람들이 발화한 언어자료를 통해 영어능력을 자연스럽게 발전시킬 수 있다는 것이 어떻게 한국에서 가능한가?**"라는 질문에는 어떻게 답을 할 것인가? 우선 이 교재를 활용하라고 권고하겠다. **이 교재는 4개의 절차적**

단계에 필요한 표현만 소개한 것이 아니다. 그 표현들을 발화하도록 유도하는 문장(표현)들까지 소개하였다. 그리고 당신이 여행 중에 그 표현들을 경험할 대부분의 의사소통 상황을 소개하여, 해외여행을 떠나기 전에 한국에서 충분히 경험할 수 있도록 하였다. 여행 전에 한국에서 연습할 수 있는 일종의 리허설(Rehearsal)이다. 앞서 주장했듯이, 한국 일상생활 속에서 다양한 영어의사소통 상황을 경험한다면, 해외여행지에서도 성공적으로 의사소통 할 수 있는 것이다.

다시 한 번 예를 들자면, "How much is this (이 거 얼마에요)?" "That will be $38(38달러입니다)."라는 표현들은 한국에서만 통용되는 것이 아니고, 세계 어느 곳에서도 통용되는 것이다. 그러므로 해외여행을 계획 중이라면, 앞으로 일상생활에서 한국말 말하기 전에 또는 한 후에, 영어표현을 생각해보고 한 번쯤 혼잣말로 연습해 보라는 것이다. "주문할게요!" "I'm ready to order." '아~ 간략히 하면, order, please!이지!' "상대방은 뭐라고 할까? '주문하시겠어요?'라고 하겠지? '그럼 주문하시겠어요? 라는 표현은 영어로 어떻게 하지? 아 I'm ready to order!가 주문하겠어요! 이니까, Are you ready to order?가 되겠구나!"라는 방식으로 한국의 일상생활에서 영어의사소통 연습을 하라는 것이다.

리허설과 관련해서 부연설명하자면, 우리말을 막 배우기 시작하는 어린아이를 사회에 내보내어 대화를 통해서 또는 주변사람의 말을 듣고 자연스럽게 배울 수 있도록 하지 않는다. 아이 엄마(또는 아빠)는 아이가 가정 밖 사회에서 의사소통 할 수 있을 때까지 가정에서 준비시킬 것이다. 그리고 그 준비과정에서 사용하는 것은 엄마(아빠)의 언어자료가 될 수 있고(예: 엄마, 해봐!, 아빠, 해봐!), 텔레비전 시청 또는 라디오 청취가 될 수 있으며, 책을 구입하여 학습에 이용할 수도 있을 것이다. 아이가 사회에서 직접 경험하기 전에 사회에서 경험할 수 있는 것을, 가정에서 미리 간접 경험하도록 교육하고 준비시키는 것이다.

아이가 자라 의사소통 준비가 되었을 때, 엄마(또는 아빠)는 아이 혼자 힘으로 사회를 경험하게 하지 않는다. 아이와 함께 하면서 아이에게 의사소통 기회를 준다. "아저씨한테 가서, '과자 주세요!' 하세요." 그러면 아이는 엄마(또는 아빠)의 안내에 따라 상점에서 과자 구매하는 연습을 할 것이다. 아이의 입장에서는 자신이 혼자 힘으로 의사소통할 수 있을 때까지, 엄마(또는 아빠)의 도움이 필요한 것이다. 해외여행을 하면서 여행가이드와 동반하는 것은, 이러한 상황과 비교할 수 있는 것이다. 아이(영어능력 초보 여행자)가 혼자서 의사소통 할 수 있을 때까지 엄마/아빠(여행가이드/번역기)가 아이를 도와주는 것과 같은 것이다.

영어교육도 마찬가지이다. 가정은 한국이고 사회는 외국 영어권 국가이다. 가정에서 엄마가 아이에게 그랬던 것처럼, 자신이 혼자 영어로 의사소통

할 수 있을 때까지, 한국에서 주변사람의 도움도 받고 번역기의 도움도 받아가며, 또는 필요하다면 텔레비전 시청 또는 라디오 청취를 통해 영어능력을 발전시킬 수 있는 것이다. 그리고 요즘은 인터넷 유튜브를 통해 영어 학습을 하는 사람도 상당하다고 믿는다. 중요한 것은, 일상생활에 필요한 영어 말하기능력을 발달시키기 위해 영어 말하기 연습은 해외여행 중 영어권 국가에서만 가능한 것이 아니고, 우리나라의 일상생활 환경 속 어디에서도 충분히 가능하다는 것이다.

마지막으로, "일상 영어 말하기능력 1시간 완성" 교재와 관련하여 주변사람들이 걱정하는 부분은, "한국의 영어학습자가 원하는 영어능력은 일상에서 의사소통할 수 있는 영어능력 그 이상의 영어능력이다."라는 것이다. 다시 한 번 강조하자면, 모든 언어가 그러하듯이, 영어능력을 발전시킴에 있어 우리는 영어발달단계를 인정해야만 한다는 것이다. 겨우 단어를 이해하고 발화할 수 있는 아이가, 문장을 사용하여 자유롭게 대화할 수 있고 자신의 생각을 유창하게 표현할 수 있는 언어능력을, 처음부터 기대하는 부모는 없다. 주변에 모국어를 가르쳐 줄 사람이 항상 준비되어 있는 모국어학습에도 언어발달단계를 인정하는데, 주변에서 쉽게 도움을 청할 수 없는 외국어인 영어를 학습함에 있어서, 발달단계를 인정하지 않는 사람들이 의외로 많다. 처음부터 완벽한 영어문장으로 완벽하게 의사소통을 하려하고, 자신의 사고를 유창하게 영어로 자유롭게 표현하고 싶어 한다는 것이다. 걷지도 못하는 아이가 처음부터 뛸 수는 없는 것이다. 다시 말해서, 생존영어(Survival English)도 할 수 없는 영어학습자에게 자신의 사고를 유창하게 표현할 수 있는 학술영어(Academic English)를 먼저 습득하라는 강요와 같은 것이다.

다시 한 번, 취미활동을 예로 들자면, 검도를 가르칠 때 처음부터 "목 찌르기" 동작을 가르치지 않는다. 테니스를 지도할 때 발리(Volley)부터 가르치지 않는다. 나는 취미로 검도를 배우고 테니스를 배웠기 때문에, 한 시간이면 충분하다고 했을지도 모른다. 그러나 내가 전문 직업선수가 되고자 했다면, 훨씬 더 고급 기술이 필요할 것이며 1시간만으로 충분하지 않았다고 확신한다. 영어학습도 마찬가지이다. 기초단계인 일상생활 생존영어(Survival English)를 1시간 만에 완성할 수 있다면, 다음 단계에는 좀 더 많은 시간이 필요할 것이다. 그리고 이 교재는 이러한 발달단계를 인정하여, 단계별로 교재를 구성한 것이다. 이 교재의 다음 단계는 "영어 말하기 능력 8시간 완성방법 - 영어학습자용"이다. 그리고 그 다음 단계는 "영어 말하기 능력 8시간 완성방법 - 영어전공자용"이다. 각 교재에 대한 장점은 각각의 교재에서 소개하였다.

정리하자면, "일상 영어 말하기 능력 1시간 완성" 교재는 한국의 영어학습 환경에서 영어능력을 발전시킬 수 있는 여러 방법 중 하나이다. 하지만 한국의 영어학습자가 "일상생활에 필요한 영어 말하기능력"을 가장 효율적으로 발전시킬 수 있도록 큰 도움을 줄 수 있는 최선의 영어교재라고 확신한다. **4개의 절차적 단계로 일상 영어 말하기 능력(Survival English)을 완성할**

수 있다는 가능성을 제시하고 방법을 소개한 교수법이나 교재는 지금까지 영어교육 분야에서는 없었다. 이 교재를 활용하여 한국의 일상생활에서 영어 의사소통을 연습한다면, 해외여행 중 어떠한 상황에서도 성공적으로 의사소통 할 수 있을 것이다. 그리고 이 교재를 활용하여, 가장 효율적으로 일상 영어회화능력을 완성하였다면, 당신의 영어 유창성을 바탕으로 다음 단계인 사회적 교류를 위한 영어 말하기능력(Social English), 그리고 자신의 사고와 지식을 유창하게 표현하고 교류할 수 있는 학술적 목적의 영어 말하기능력(Academic English)을 완성할 수 있도록 꾸준한 영어 학습을 유지할 것을 권고한다.

교재 활용법

특정 상품을 선택 구매하는 가장 중요한 이유는, 다른 상품과 비교하여 그 상품만의 독특한 장점들이 있기 때문이다. 그리고 그 장점들을 활용하여 좋은 결과를 얻었을 때, 상품에 대한 만족도는 높아질 것이다. 이 교재를 구매한 독자도 마찬가지이다. 이 교재만의 장점들을 확인하고 잘 활용한다면 이 교재의 만족도는 높아질 것이다. 따라서 "교재 활용법"에서는 이 교재의 장점들을 다시 한 번 확인하고, 그 장점들을 극대화하여, 독자들이 단기간에 효과적으로 영어 말하기 능력을 완성시킬 수 있도록 하겠다.

교재의 가장 큰 장점은 우리 일상생활 속 대부분의 의사소통 상황을 인사 - 용무 - 보상 - 인사라는 4개의 절차적 단계로 설명하였다는 것이다. 그리고 각 단계에 필요한 표현만을 활용하더라도, 대부분의 상황에서 성공적으로 의사소통을 할 수 있다는 가능성을 주장하였다. 이 교재는 **독자들에게 그 가능성을 충분히 이해시키겠다**. 영어 학습자가 4개의 절차적 단계에 필요한 영어표현들을 우선 숙지한다면, 일상생활에 필요한 영어 말하기 의사소통 능력을 가장 빠르게 그리고 가장 효율적으로 완성할 수 있을 것이라고 이 교재의 저자는 확신한다.

4개의 절차적 단계에 필요한 표현만으로 영어 말하기 의사소통

능력을 완성하기 위해서는, **영어 의사소통은 "목표 지향적(Goal-oriented)"이 되어야한다**. 편의점에서 "우유 주세요!"라는 표현만으로 우유를 구매할 수 있는 상황과, 옷가게에서 "옷 종류, 색상, 그리고 사이즈"까지 설명해야하는 의사소통상황은 다르기 때문이다. 따라서 의사소통 상황을 접하기 전에 **그 상황에서 의사소통하는 목적이 무엇인지 확인하고, 목적에 필요한 표현들을 준비하고 연습할 필요가 있다**. 해외여행 중 특정 상황에 필요한 영어 의사소통 목적을 어떻게 확인할 수 있을까? 그 것은 **이 교재의 두 번째 장점인 "넓은 의미의 보편적 핵심"을 이용하는 것이다**. 한국에서 대부분의 의사소통 상황은 4개의 절차적 단계로 진행되는 것처럼, 영어권 국가에서도 같은 단계로 의사소통이 진행된다. 그리고 용무(상품 또는 서비스 구매)를 확인할 때 주고받는 질문의 내용(들)도 유사하다는 것이다. 예를 들면, 한국에서 신발을 구매한다면, 신발의 종류와 색상 그리고 사이즈까지도 확인한다. 그리고 영어권 나라에서도 신발 구매할 때 같은 내용들을 확인한다. 따라서 해외여행 중 식당에 간 목적이 스테이크를 먹는 것이라면, 한국의 식당에서 스테이크를 먹을 때의 의사소통 목적과 내용이 일치한다는 것이다.

언어적 측면에서의 보편적 핵심은, 한국에서 확인한 영어표현은 영어권 국가에서도 같은 의미로 통용된다는 것이다. 가격(또는 비용)을 묻는 "**How much?**"는 한국에서도 "얼마에요?"라는 의미이며, 세계 어느 나라에서든 같은 의미로 통용된다. "**I would like to have a steak, please.**"는 한국에서도 "스테이크 먹을게요."라는 뜻이며 영어권 국가에서도 같은 의미로 통용된다. 따라서 한국에서 스테이크 주문할 때, "중간 굽기로 주세요(**Medium, please!**)."라는 표현을 한국에서 할 수 있다면, 영어권 국가에서도 같은 의미로 통용되는 표현을 할 수 있다는 것이다. 즉 보편적 핵심에 바탕을 두어, **한국의 일상생활에서 영어 말하기 연습을 하면, 영어권 국가에서 통용될 수 있는 영어 의사소통 능력을 자연스럽게 발전시킬 수 있는 것**이다.

교재의 또 다른 장점은 "좁은 의미의 보편적 핵심"에 바탕을 두었다는 사실이다. 좁은 의미의 보편적 핵심이란, 대부분의 식당과 카페 그리고 아이스크림 판매점과 같이, 주문이 필요한 음식(음료) 서비스를 구매하는 상황에서 사용할 수 있는 공통된 표현이 있다는 견해이다. **"주문하시겠어요?"**라는 표현 **"Can I take your order?"** 그리고 **"What can I get you?"**는 주문이 필요한 식(음료)서비스 구매상황에서 공통적으로 사용하는 표현이다. 그리고 이 질문의 대답인, **"I would like 원하는 식(음료), please."**라는 표현은 식(음료) 서비스 구매 어느 상황에서든 통용될 수 있다. 따라서 다양한 의사소통 상황에 필요한 수많은 표현들을 영어학습자들에게 소개하여 연습(암기)하도록 내용을 구성하기 보다는, **핵심표현들만으로 다양한 상황에서 영어로 의사소통할 수 있는 능력을 발전시킬 수 있도록, 이 교재는 "좁은 의미의 보편적 핵심"을 활용하여 학습자의 부담을 효과적으로 크게 낮추었다.**

　　이러한 장점들과 함께, 교재의 활용법은 다음과 같다. 우선 4개의 절차적 단계에 필요한 표현들을 확인하고 자유롭게 사용할 수 있도록 연습한다. 그런 후 이 교재를 이용하여 자신이 자주 경험하는 의사소통 상황에 필요한 핵심 표현들을 확인하고, 4개의 절차적 단계에 따라 한국의 일상생활 속에서 연습한다. 한국에서의 영어 의사소통 연습은 "목표 지향적 의사소통"이 되어야 한다. "어! 내가 은행에 왜 가는 것이지? 아! 은행계좌를 개설하러 가는 것이지! 그런데 '은행계좌를 개설하고 싶어요!'를 영어로 어떻게 표현하지?" 이렇게 의사소통 목표를 설정하고 의사소통 목표에 필요한 표현들을 영어로 표현할 수 있는지 확인한다. 만약 표현할 수 없다면 주변사람들, 인터넷, 영어교재 또는 번역기 등의 도움을 활용하여 표현을 확인하고 연습한다. 한국뿐만 아니라, 영어권 국가에서 영어학습을 하더라도, 당신이 영어발달 초기단계에 있다면, 이와 같이 주변의 도움을 받으며 영어능력을 발전시켜 나간다.

해외여행을 계획 중이라면, 한국에서의 영어 의사소통 연습은, 해외여행에서 경험할 다양한 상황에 필요한 영어 말하기 능력을, 한국에서 자연스럽게 발전시켜 나갈 수 있는 좋은 기회가 될 것이다. 즉 여행 중에 경험할 의사소통 상황을 한국에서 리허설 하듯이 경험하며, 영어 말하기능력을 자연스럽게 발전시키자는 것이다. **물론 해외여행을 가지 않더라도 "보편적 핵심"에 바탕을 두어, 일상생활에 필요한 영어말하기능력을 한국에서도 성공적으로 발전시킬 수 있다는 사실을 인정하고 영어의사소통 연습을 하려는 마음가짐도 중요하다.** 그런데 이 교재는 여행자(구매자) 입장에서 영어 의사소통 상황을 소개하고 내용을 설명하였다. 그렇지만 이 교재는 판매자들도 영어의사소통능력을 발전시킬 수 있도록 도움을 줄 수 있다. 구매자가 아닌 판매자라면, 목표 지향적 의사소통에 따라 자신이 종사하는 판매상황에 필요한 표현들을 4개의 절차적 단계에 따라 확인하자. 그리고 각 절차적 단계에 필요한 표현들을 영어로 표현할 수 있다면, 한국을 방문하는 외국인 구매자에게 적절하게 응대하여 상품 또는 서비스를 성공적으로 판매할 수 있을 것이다.

해외여행 중이라면, "좁은 의미의 보편적 핵심"에 따라, 현재의 의사소통 상황에 필요한 영어 표현들을 본문 또는 부록에서 확인하여 임기응변식으로 활용할 수 있다. 예를 들면, 식당에서 발생할 수 있는 영어 의사소통 상황에 익숙하지 않다면, 교재의 본문 또는 부록에서 식(음료)서비스에 필요한 핵심 영어 표현들을 확인하고 4개의 절차적 단계에 따라 의사소통 한다면 당신이 원하는 서비스를 성공적으로 구매할 수 있다. 결론으로, 교재의 장점을 확인하고, **보편적 핵심을 바탕으로 한국의 일상생활 속에서 절차적 단계에 따라 목표 지향적 의사소통 연습을 한다면, 한국에서도 성공적으로 영어 말하기능력을 완성할 수 있다.**

해외여행 준비하기

● "일상 영어 말하기 능력 1시간 완성" 가능성 이해하기

　　이 책의 목적은 해외여행을 가기 전, 가장 빠르게 일상 영어의사소통 능력을 완성하는데 있다. "해외여행을 위한, 영어 말하기 능력 1시간 완성"이라는 책 제목을 보고 불가능한 일이라고 생각할 수 있다. 이런 의심을 해소하기 위해 책 소개의 글에서 충분한 설득을 하였다고 믿는다. "책 소개"를 건너뛴 독자들을 위해, "일상 영어회화 1시간 완성"이 가능하다는 것을, **우리의 일상생활 속 의사소통 상황을 예로 들어가며 좀 더 쉽고 설득력 있게 다시 한 번 설명하겠다.** 당신의 일상생활은 다음과 같을 것이다.

　　"어제 '영어 말하기 능력 8시간 완성방법'을 읽느라고 늦게 잠자리에 든 탓에 오늘 늦잠을 자고야 말았다. 12시에 친구하고 약속이 있어 서둘러 거리로 나왔지만, 택시를 타지 않는다면 약속시간에 늦을 것이다. 다행이도 나는 어렵지 않게 택시를 탈 수 있었다."

　　어서 오세요.

　　나: **안녕하세요.** 강남 역으로 가 **주세요.**

　　택시덕분에 나는 늦지 않게 약속장소에 도착할 수 있었다. 택시미터기가 보이지 않는 뒷좌석의 나는 택시기사에게 요금을 물어야만 했다.

나	택시기사
얼마에요?	13,800원입니다.
여기 있습니다.	잔돈 여기 있습니다.
감사합니다. 안녕히 계세요.	감사합니다. **안녕히 가세요.**

약속장소에 도착하니 친구가 나를 반가이 맞아주었다. 우리는 간단히 서로의 안부를 묻고, 점심 식사를 위해 근처 식당으로 갔다.

식당직원	나
어서 오세요. 몇 분이세요?	**안녕하세요!** 두 명이요
이쪽으로 앉으세요.	감사합니다.
…	…
주문하시겠어요?	비빔밥 둘 주세요.
…	…
주문하신 비빔밥 나왔습니다.	감사합니다.
…	…
맛있게 드셨어요?	네. 얼마에요?
16,000원입니다.	여기 있습니다.
안녕히 가세요.	안녕히 계세요.

점심식사를 마치고, 친구와 나는 계획한대로 영화 관람을 위해 영화관으로 향했다. 영화관으로 가면서 우리는 영화 "예스터데이"를 보기로 결정했다. 영화관에 도착한 우리는 "대기번호표"를 뽑고 차례를 기다렸다. "딩동" 우리의 번호가 번호 안내판에 표시되었다.

영화관 직원	나
안녕하세요.	안녕하세요.
어떤 영화 관람하시나요?	"예스터데이" 두 장 주세요.
몇 시 영화 관람하시나요?	3시 10분이요.
좌석 선택하시겠어요?	J열 23 그리고 24번 주세요.
J열 23, 24번 맞으시죠?	네. 얼마에요?
26,000원입니다.	여기 있습니다.
즐거운 관람되세요.	네. 감사합니다.

영화시간까지 시간이 남아 아래층 카페에서 음료를 마시기로 했다. 친구와 나 모두 시원한 "아이스 아메리카노"를 마시기로 했다.

카페직원	나
안녕하세요.	안녕하세요.
주문하시겠어요?	네. 아이스 아메리카노 2잔 주세요.
여기서 드시나요?	네. 얼마에요?
9,000원입니다.	여기 있습니다.

커피를 마시며 나와 친구는 아주 즐거운 대화의 시간을 가졌다. 상영시간이 되어, 다시 영화관으로 가서 아주 즐겁게 영화 관람을 하였다.

영화 관람을 마친 후, 저녁을 먹으러 식당에 갈까 하다가 바에 가서 간단한 식사와 함께 음료를 마시기로 하였다.

바 직원	나
어서 오세요.	안녕하세요.
몇 분이세요?	2명이요.
카운터에 앉으시겠어요?	아니요, 탁자에 앉겠습니다.
이쪽으로 앉으세요.	네, 감사합니다.
…	…
주문하시겠어요?	복숭아화채 그리고 양념치킨 주세요.
술을 뭐로 하시겠어요?	생맥주 500CC 두 잔 주세요.
…	…
주문하신 것 나왔습니다.	네. 감사합니다.
…	…
계산하시게요?	네. 얼마에요?
34,000원입니다.	여기 있습니다.
네. 감사합니다. 또 오세요.	안녕히 계세요.

바를 나온 후 친구와 나는 다음을 기약하고 각자 집으로 향했다. 다시 한 번 택시를 타고 집 근처 편의점 앞에서 내렸다. 며칠 동안 무리해서 그런지 몸살기가 있었다. 편의점에 가서 쌍화탕 하나 사서 마셔야겠다. 편의점으로 들어서자 직원이 나를 반갑게 맞이했다.

편의점 직원	나
어서 오세요.	안녕하세요.
찾으시는 것 있어요?	쌍화탕 하나 주세요.
여기 있습니다.	감사합니다. 얼마에요?
1,000원입니다.	여기 있습니다.
감사합니다. 안녕히 가세요.	안녕히 계세요.

집으로 돌아온 나는 따뜻한 물로 샤워를 한 후, 쌍화탕을 마시고 곧바로 잠자리에 들었다. 피곤하기는 하였지만 아주 행복한 하루였다.

지금까지 소개한 당신의 하루 일과는 누구든 경험할 수 있는 하루가 될 수 있다. 소개한 하루의 다양한 의사소통 상황에서 똑같은 패턴이 반복적으로 전개된다는 것을 당신은 확인할 수 있다. 그 것은 친구이외의 사람과 대화할 때 **4개의 절차적 상황이 전개된다**는 것이다. 누구를 만나든 ❶ **인사**할 것이며, 당신의 ❷ **용무(서비스구매 또는 상품구매)**를 상대방에게 전할 것이며, 당신의 용건(서비스 구매 또는 상품 구매)에 따른 ❸ **보상**을 해야 한다는 것이다. 그리고 보상이 끝나면 그 자리를 뜰 때, 헤어질 때 하는 ❹ **인사**를 건넬 것이다.

잠시 명상을 하듯, **당신의 일상에서 일어날 수 있는 의사소통 상황을 확인해 보자**. 마트를 가든, 미용실을 가든, 병원 아니면 도서관에 가든 당신은 ❶ **인사**를 할 것이고, ❷ 당신의 **용무(서비스구매 또는 상품구매)**를 해결할 것이며, 구매에 따른 ❸ **보상**을 할 것이다. 그리고 헤어질 때 다시 한 번 ❹ **인사**를 할 것이다. 따라서 이 4개의 절차적 상황에 필요한 표현을 알고 있다면, 한국 사회에서 당신이 필요한 용무를 마칠 수 있는 것이다.

영어권국가에서도 마찬가지이다. 당신의 용무(상품구매 또는 서비스 구매)를 해결하기 위해, 사람을 만나면 인사할 것이고 용무를 해결할 것이며, 용무에 따른 보상을 할 것이다. 그리고 한국에서와 같이 헤어질 때 다시 한 번 인사를 건넬 것이다. 따라서 한국의 상황에서 예를 든 것처럼, 4개의 절차적 단계로 이루어진 영어 의사소통 상황에서 각각의 절차에 필요한 영어표현만을 알고 있다면, 당신은 영어권 국가에서도 성공적으로 영어로 의사소통 할 수 있을 것이다.

"해외여행을 위한 영어 말하기능력 1시간 완성"은 **이 4개의 절차적 단계로, 일상생활에서 발생하는 대부분의 상황에서 성공적으로 영어로 의사소통할 수 있다는 가능성을 설명하려고 한다**. 그런 후 4개의 절차적 단계에 필요한 표현만으로, 해외여행 중 발생할 수 있는 다양한 의사소통 상황을 경험하게 함으로써 당신이 해외여행에서 성공적으로 영어로 의사소통할 수 있도록 준비시키려 한다. 당신이 그 가능성을 확인하고, 4개의 절차적 단계에 필요한 표현만으로,

자유롭고 유창하게 영어로 의사소통 할 수 있다면 당신의 여행은 수백 배 더 즐거울 것이다.

● 4개의 절차적 단계와 영어 표현들

여행을 떠나기 전, 우리는 한국의 상황에서 4개의 절차적 단계에 필요한 영어 표현을 연습할 것이다. 한국의 상황에서 이 4개의 절차적 단계에 필요한 표현을 연습할 수 있는 것은, "영어 말하기 능력 8시간 완성방법"에서 설명한 것처럼, 우리나라 생활환경과 영어권 국가의 생활환경이 서로 공유하는 공통된 특징이 있기 때문이다. 세계 어디서든 사람을 만나면 서로 ❶ 인사를 주고받을 것이며, 식당에 가든 카페에 가든 아니면 도서관 또는 극장에 가든 해결해야 하는 ❷ 용무(상품구매 또는 서비스구매)가 있을 것이며, 그리고 (구매)용무에 따른 ❸ 보상이 있을 것이다. 그리고 용무를 마치고 떠나면서 다시 한 번 ❹ 인사를 주고받을 것이다. 이와 같은 공통적 특징을 "영어능력 8시간 완성방법: 말하기 편"에서는 보편적 핵심(Common Core)이라고 하였다.

또한 언어적 측면에서 보편적 핵심을 설명하자면, 한국에서 학습한 "How much is this(이거 얼마에요?)"라는 표현은 영어권국가 어디에서든 같은 의미다. 또 하나의 예를 든다면, 한국에서 학습한 "커피 한 잔 마시고 싶어요(I would like to have a cup of coffee, please)."라는 표현은 영어권 국가에서도 같은 의미로 통용될 것이다. 한국에서 학습한 "I am ready to order (주문할게요)!"라는 의미도, 영어권 국가에서 "주문할게요!"라는 의미로 통용된다. 따라서 해외여행 전, 한국의 일상생활 다양한 상황에서 영어의사소통 연습을 한다면, 해외여행 중 어떠한 상황에서도 성공적으로 의사소통 할 수 있을 것이다. 그럼 각 단계별로 차근차근 살펴보고 필요한 영어표현을 확인하자.

> 첫 번째 단계: 만날 때 인사하기

　우리는 사람을 처음 만났을 때, "처음 뵙겠습니다!"라고 인사할 수 있다. 우리말과 같은 표현으로 영어로는 처음 만나는 사람에게 "How do you do?"라고 한다. "처음 뵙겠습니다!"라는 표현은 아주 격식을 갖춘 인사말로, 우리는 일상생활에서 아주 드물게 사용한다. 영어권 국가에서도 처음 만난 사람이라고 해도, "How do you do?"라는 표현보다는 "Good to see you!" 또는 "Nice to see you!"라는 표현을 좀 더 일상적으로 사용한다. 우리말로 표현한다면, "만나서 반갑습니다!"라고 할 수 있다. "처음 뵙겠습니다." 그리고 "만나서 반갑습니다." 두 표현 모두 우리에게는 격식을 갖춘 표현으로 일상생활에서 흔히 사용하는 인사말은 아니다. 대신 우리는 시간 그리고 상대와 관계없이 "안녕하세요!"라는 인사말을 일상적으로 흔하게 사용한다. 물론 가끔 "좋은 아침입니다!"라며 시간에 따라 달리 인사를 하지만, 일상적인 인사말이라고는 할 수 없다. 시간과 장소와 관계없이 누구에게든 "안녕하세요!"라고 하는, 우리말 인사법을 외국인은 쉽게 배울 수 있을 것이다.

　영어는 우리의 인사말처럼 시간에 관계없이 사용하는 인사말이 있고, 우리의 인사말하고는 다르게 시간에 따라 달리 인사하는 인사말이 있다. 먼저 시간에 관계없이 사용할 수 있는 인사말부터 확인하자.

앞서 소개한 "How do you do?"라는 표현은 우리말처럼 격식 있는 표현이기 때문에, 여행 중에 만나는 사람 중에 당신에게 사용하는 경우는 아주 드물 것이다. "Nice to meet you!" 또는 "Good to see you!"도 사적관계의 만남에서 사용할 수 있는 표현이다. 여행 중에 당신이 만나는 사람은 대부분 용무(상품구매 또는 서비스구매)에 따른 사무적 만남이기에, 이러한 표현을 당신에게 사용하는 경우도 많지 않을 것이다. 물론 편의점직원과 대화를 나눠 어느 정도 친분을 쌓았다고 생각한다면, 사용할 수 있는 인사말이 될 수도 있다. 그럼 여행 중에 시간에 관계없이 당신이 흔히 사용할 수 있는 표현을 살펴보자.

시간에 관계없이 인사할 때, 사용할 수 있는 대표적인 표현으로는 "Hello!"와 "Hi!"가 있다. "Hello!"는 "Hi!" 보다는 좀 더 격식을 갖춘 표현이다. 따라서 친숙하다고 생각되는 사람에게는 "Hello!" 보다는 "Hi!"를 사용하는 것이 적절하며, 그 반대의 경우는 "Hello!"가 좀 더 적절한 표현이다. 그리고 우리가 안부를 묻는 표현으로 알고 있는, "How are you?" 또는 "How is it going?"도 시간에 관계없이 사용할 수 있는 인사표현이다. 이외에도 "How are you doing?" 그리고 "What's going on (with you)?" 또는 "What's up (to you)?" 표현도 시간에 관계없이 사용할 수 있는 인사표현들이다. 지금까지 내용을 아래와 같이 정리하였다. 음원을 들으며, 인사하는 표현을 함께 확인하자.

구분	현지인	방문객
첫 만남	How do you do?	How do you do?
	Nice to see you!	Good to see you!
	Nice to meet you!	Good to meet you!

일상적 인사말	Hello!	Hi!
	How are you?	How are you?
	How is it going?	How is it going?
	How are you doing?	How are you doing?
	What's going on (with you)?	What's going on (with you)?
	What's up (to you)?	What's up (to you)?

안부를 묻는 표현들이, 어떻게 상대방에게 인사하는 표현이 될 수 있을까? 그 것에 대한 설명을 우리말 습관에 비교해서 간단명료하게 확인해 보자. 우리가 "**안녕하세요?**"라고 하면 엄격히 얘기해서 상대방의 안부를 묻는 것이다. 그런데 상대방이 "**안녕하세요?**"라고 표현했을 때, 우리도 똑같이 "**안녕하세요?**"라고 한다. 마찬가지로 영어에서도 "**How are you?**"라고 했을 때, 같이 "**How are you?**"라고 하면 만날 때 서로 주고받는 인사표현이 되는 것이다.

우리말처럼 "**안녕하세요?**"라고 말한 상대방이 정말 안부를 묻는 것이라고 인지하였다. 그렇다면 그 것에 맞게, "**네 덕분에 잘 지내고 있어요!**"라고 말하는 것처럼, 영어에서도 당신이 판단하기에, "**How are you?**"라고 말한 상대방이 정말로 당신에게 안부를 묻는 것이라면, 우리말처럼 자신의 상황에 맞게 표현하면 될 것이다. "**How are you?**"라고 당신에게 안부를 묻는 상대방에게 어떻게 반응할 수 있을까? 아래와 같이 표현할 수 있을 것이다. 음원을 듣고, 함께 안부를 묻고 답해보자.

🎧 상대방이 안부를 묻고 있다고 판단될 때

좋을 때	How are you?	I'm fine.
	How is it going?	I'm pretty good,
	How are you doing?	So far, so good
	What's going on?	I can't complain.
보통일 때	How are you?	I'm not bad.
	How is it going?	I'm okay.
	How are you doing?	I'm so so,
나쁠 때	How are you?	I'm tired.
	How is it going?	I'm stressed out.
	How are you doing?	I'm busy.

위와 같이 상대방의 안부에 대답할 때 주의할 점은, 가장 무난한 대답은 "I'm fine." 또는 "I'm (pretty) good."이다. 가장 무난한 대답이지만, 상대방하고의 대화를 이어가기에는 직설적이고 사무적일 수 있다. 대신 "I'm so excited!"라고 대답한다면, 상대방이 "Why are you so excited?"라고 질문을 할 것이며, 그에 대한 대답을 하면서 대화를 이어갈 수 있는 장점이 있다. 물론 이러한 표현은 사적인 관계 그리고 친숙한 관계에 사용하는 것이 좀 더 적절한 표현일 것이다.

나쁠 때 사용하는 표현도, 사적이고 상대방과 친숙한 관계라고 생각될 때 사용할 수 있는 표현이다. 자신의 상황이 나쁘다고 할지라도 "좋아요!"라고 답변하는 게 상대방에 대한 예의라고 한다. 상황이 나쁘다고 솔직하게 표현할 수 있을 때는, 가족이나 친구 또는 친숙한 관계의 지인을 만났을 때이다. 해외여행 중에 오랜만에 만난 가족이나 친구 또는 친숙한 지인이라 하더라도, 자신의 상황이 나쁘다고는 하지 않을 것이다. 그러므로 안부를 묻는다고 판단될 때, "(I am) fine! 또는 (pretty) good!"이라고 하는 것이 가장 무난한 대답일 것이다.

　대화 상대방의 관계뿐만 아니라, 다양한 장소나 상황에 따라서 안부에 대한 다양한 대답이 있을 것이라고 기대하는 것이 필요하다. 영어가 세계 공용어이기 때문에 영어권 국가가 아니더라도 영어로 의사소통할 기회가 있을 것이다. 그리고 영어권 국가와 비영어권국가에서 "How are you?"에 대한 답변이 다를 수 있다. 나의 미국 유학시절 "How are you?"라는 질문에 한국에서와는 다르게, "(I'm) fine!"이라고 대답한 사람은 거의 없었다고 기억한다. 대신 "(I'm) pretty good." 또는 "(I'm) okay."라고 대답했던 사람이 대부분이었다고 기억한다. 그러므로 안부에 대한 다양한 답변을 확인하고, 당신은 "(I'm) fine." 또는 "(I'm) good."으로만 대답하면 충분할 것이다.

　이 교재에서 좀 더 다양한 표현으로 소개하고자 하는 것은, "Couldn't be better!"와 "(I) can't complain!"이다. 미국 유학시절 같은 대학원 기숙사에 살고 있었던 리사(Lisa)는 유학생들에게 다양한 표현들을 알려주려고 노력했고, 그런 노력으로 리사는 종종 "How are you?"라는 질문에, "**Couldn't be better!** (더 이상 좋을 수 없다)" 또는 "**(I) can't complain!** (불평이 없을 정도로 좋다)."라는 표현을 자주 사용하였다. 상대방과의 관계 또는 지역에 관계없이 당신이 충분히 사용할 수 있는 표현들이다.

지금까지 우리말 "안녕하세요?"처럼 시간에 관계없이 사용할 수 있는 인사표현을 살펴보았다. 이제 시간에 따라 어떻게 달리 인사할 수 있는지 확인해 보도록 하자. 먼저 아래와 같이 시간에 따라 달리 하는 인사 표현들을 정리하였다. 음원을 듣고, 함께 인사를 나눠보자.

🎧

오전	Good morning!	잠에서 깨서 활동하기 시작한 때부터 정오(오후12시)전까지
오후	Good afternoon!	정오부터 5~6시 또는 일몰 전까지
저녁	Good evening!	일몰 후부터 헤어지기 전 또는 잠자리에 들기 전까지
헤어질 때	Good night!	저녁시간을 함께 보내고 헤어질 때 또는 잠자리에 들 때

정오 전 아침에는 "Good morning," 정오(12시)가 지난 시간에는 "Good afternoon!"이라고 인사할 수 있다. 그리고 오후 5:00에서 6:00사이 또는 일몰직전을 시작으로, 우리는 "Good evening!"이라는 표현으로 인사를 건넬 수 있다. "Good night!"는 상대방이 곧 잠자리에 들거나, 밤에 함께 시간을 보내다 헤어질 때 할 수 있는 인사법이다. 쉽게 설명하기 위해, 당신이 오후 8:00시에 식당에 입장하면, 당신을 맞이하는 식당직원은 "Good evening!"이라고 할 것이다. 그런데 당신이 오후 6:00시부터 식사를 시작하여, 오후 8:00시에

식사를 마치고 식당을 떠날 때, 식당직원은 당신에게 "Good night!"이라고 할 것이다. 친구사이에서도 마찬가지이다. 오후 8:00시에 당신이 친구를 만나면, "Good evening!"이라고 할 것이며, 즐거운 시간을 보낸 후 오후 8:00시에 친구와 헤어진다면, 당신은 "Good night!"이라고 할 것이다.

지금까지 4개의 절차적 단계 중 첫 단계인 "만날 때 인사" 단계를 확인하였다. 가장 간단한 인사법은 시간에 관계없이 사용할 수 있는 "Hello!" 또는 "How are you?"일 것이다. 영어능력에 대한 자신감이 있다면, 시간에 따라 다르게 인사하는 표현들을 배우려는 노력도 좋을 것이다. 해외여행 중 당신이 (시간)상황에 따라 그리고 대화 상대방에 따라 인사를 적절하게 할 수 있다면, 4개의 절차적 단계에서 첫 단계를 완성한 것이다. 이제 두 번째 단계인 ❷용무(상품 또는 서비스 구매)를 확인하도록 하자.

> **두 번째 단계: 용무 (상품 또는 서비스 구매)**

해외여행 중에 당신이 경험할 대부분의 용무는 상품구매와 서비스구매로 나눌 수 있다. 이 책의 시작에서도 소개하였지만, 당신의 일상생활에서 당신이 혼자 있거나 친구와 대화하는 상황이 아니라면, 의사소통이 필요한 상황은 상품을 구매하거나 서비스를 구매하는 때가 대부분일 것이다. 마찬가지로 해외여행 중에서도 영어의사소통이 필요한 상황은, 당신이 상품구매 또는 서비스를 구매하는 때이다. 지금부터 의사소통 상황 4개의 절차적 단계 중, 2번째 단계인 ❷ 용무에서 상품구매 상황을 확인하고 상품구매에 필요한 표현들을 살펴보도록 하겠다.

● 용무1: 상품 구매

　다시 한 번 이 책의 목적을 확인하자면, 가장 빠르게 그리고 효율적으로 영어권 국가 일상생활에서 영어로 의사소통할 수 있는 능력(Survival English)을 완성하는 것이다. 그리고 그 가능성을 의사소통의 4개의 절차적 단계로 설명하였다. 그 두 번째 단계인 상품구매 상황에서 어떻게 하면 가장 빠르게 그리고 효율적으로 영어의사소통능력을 완성할 수 있을까? 이 질문에 대한 답을 하기 전에, 먼저 당신의 이해를 돕기 위해 한국에서의 상품구매 상황을 살펴보겠다.

　오늘은 영국에서 교환학생으로 온 에밀리(Emily)와 함께 하루를 보내기로 하였다. 에밀리와 내가 결정한 사항은, 하루를 함께 하는 동안 한국말을 배우는 에밀리에게 한국말을 말할 수 있는 기회를 되도록 많이 주기로 한 것이었다. 첫 방문지는 에밀리가 가장 가고 싶었던 경복궁이었다. 경복궁에 도착한 우리는 입장권을 구매해야했고, 에밀리가 구매하였다. "어른 두 장 주세요!"라고 하였다. "6천원입니다." 그러자 에밀리는 "네 여기 있습니다."라고 하며 성공적으로 입장권을 구매하였다.

　경복궁에서 즐거운 시간을 보내고, 근처 식당에서 점심을 먹기로 하였다. 근처식당으로 가는 도중에 핫도그를 파는 노점을 발견한 에밀리는 내가 먹고 싶은지는 묻지 않은 체, "핫도그 두 개 주세요."라고 하였다. 핫도그 2개를 건네받자, 에밀리가 "얼마에요?"라고 하자, 사장님은 "3천원입니다."라고 하였다. "여기 있습니다."라고 하며 에밀리는 값을 치른 후 핫도그 두 개를 살 수 있었다. 에밀리는 나한테 핫도그 한 개를 건네주면서, "애피타이저(Appetizer)야!"라고 하였다.

점심식사를 위해 분식점에 들어간 우리는 식탁에 앉아 메뉴를 살펴보았다. 나는 "라볶이" 그리고 에밀리는 "비빔밥"으로 결정하였다. "주문하시겠어요?"라는 질문에 에밀리는 "라볶이 하나 비빔밥 하나 **주세요!**"라고 하였다. 점심을 맛있게 먹고 각자의 음식 값을 걷은 후에, 에밀리가 "**얼마예요?**"라고 하자, "12,000원입니다." "네 **여기 있습니다.**"라며 에밀리가 음식 값을 치렀다.

분식집을 나선 우리는 가까운 카페에 가서 음료를 마시기로 하였다. 나는 "시원한 아메리카노"를 그리고 에밀리는 "따뜻한 바닐라 라떼"를 마시기로 결정하였다. 카운터로 간 에밀리는 "시원한 아메리카노 하나 그리고 따뜻한 바닐라 라떼 **주세요!**"라고 주문하였다. 직원이 "여기서 드실 건가요?"라고 묻자, 에밀리는 "**예**"라고 대답하였다. 그러자 직원이 "8,500원입니다."라고 하자, 에밀리는 "**여기 있습니다.**"라고 하며 값을 치른 후 성공적으로 주문을 마쳤다.

커피를 마시고 우리는 "뚝섬유원지"로 가기위해 택시를 탔다. 택시를 타자 에밀리는 "뚝섬유원지 **가 주세요!**"라고 기사에게 말했다. 목적지에 도착하자, 미터기에 보이는 택시요금을 지불한 후, 택시에서 내리면서 에밀리는 택시기사에게 "감사합니다. **안녕히 계세요.**"라고 하였다. 한강유원지에서 우리는 한강의 아름다움과 사람들이 즐겁게 노니는 것을 보며 흐뭇해하였다. 솜사탕을 파는 노점을 본 에밀리는, 나의 의견은 묻지 않은 체, "솜사탕 두 개 **주세요!**"라고 하였다. 솜사탕 하나를 건네주는 에밀리에게 나는 웃으면서 "고마워요!"라고 하였다.

 달콤한 솜사탕을 먹으며, 나는 에밀리와 하루를 보내면서 에밀리가 한국말을 유창하게 할 수 있는 이유가 궁금해졌다. 에밀리에게 그 비결을 묻자, 에밀리는 다음과 같이 설명하였다. "**한국에 오기 전에 '한국여행을 위한, 한국어 말하기능력 1시간 완성**'이라는 책을 읽었어. 그 책에서 한국의 일상생활에서 발생하는 대부분의 의사소통 상황은 4개의 절차적 단계로 설명할 수 있다고 했거든. 사람을 만나면 '안녕하세요!' ❶ **인사**를 하고, ❷ **상품을 구매**할 때는 '**원하는 상품 주세요!**' 그리고 값을 치를 때 ❸ **보상**은 보통 '**얼마예요?**'라고 하면 상품구매를 할 수 있다고 했어. 그리고 물건을 산 후 그 장소를 떠날 때 '**안녕히 계세요!**'라고 ❹ **인사**하면 된다고 했거든. 그리고 나는 오늘 하루 이 4개의 절차적 단계에 필요한 표현만 하였던 것이고."

 에밀리의 말을 듣고 보니, 오늘 에밀리가 했던 말은 정말 이 4개의 절차적 단계에 필요한 표현들만을 말했던 것 같다. 그리고 그 표현만을 말했는데도 에밀리는 성공적으로 의사소통을 할 수 있었던 것이다. 그래서 나는 에밀리에게 물었다. "에밀리! 그럼 내가 이 4개의 절차적 단계에 필요한 표현만 알고 있다면, 영국에서도 성공적으로 영어로 의사소통 할 수 있을까?" 그랬더니 에밀리는, "그럼 가능하지. 한국에서처럼 영국에서도 사람을 만나면 인사를 할 것이고, 상품을 구매한다면 상품구매에 대한 보상을 해야 하겠지.

그리고 헤어질 때 한국 사람처럼 우리도 보통 인사를 해."

에밀리의 말이 사실이라면, 영어권 국가에서 상품을 구매할 때 가장 간단하면서도 효율적인 영어표현은 무엇일까? 우리말은 "원하는 상품 + 주세요!" 또는 원하는 상품 재고를 확인하고 구매하기 위해, "원하는 상품 있어요?"라고 하는 만능표현이 있는데, 영어에도 우리말처럼 상품 구매에서 활용할 수 있는 만능표현이 있을까?

결론부터 말하자면, "있다."이다. 우리말 "원하는 상품 + 주세요!" 그리고 재고를 확인하고 구매하기 위한 "원하는 상품 + 있어요?"처럼 두 개의 표현이 만능표현이 될 수 있을 것이다. 첫 번째는 "I'm looking for 원하는 상품."이고 다른 하나는 "I need 원하는 상품."이다. 재고를 확인하고 구매하기 위한 우리말 "원하는 상품 + 있어요?"처럼, "Do you have 원하는 상품?"이라는 영어표현도 유용하게 활용할 수 있다. 이 표현들을 기억할 수 있다면, 영어권 국가 여행 중에 원하는 상품을 성공적으로 구매할 수 있을 것이다. 더 간단한 방법은 "원하는 상품, please!"이다. 예를 들면, "A chewing gum, please!"라고 하면, 편의점 직원은 껌 한통을 당신에게 건네줄 것이다. 상품구매는 상품구매 뿐만 아니라 서비스가 포함되기 때문이다.

편의점처럼 넓지 않은 공간에서는 손님 배려차원에서, 상품을 찾아주는 편의점 직원도 있을 것이다. 그런데 대형마트에서는 "I am looking for 원하는 상품," "I need 원하는 상품," 또는 "Do you have 원하는 상품?"이라는 표현들로 구매의사를 밝힐 때, (대형)마트 직원들은 "Please, go to aisle 8!"라며 상품의 위치를 안내할 것이다. 단어 "aisle"은 상품이 진열된 (복도)열을 나타낸다. 우리의 대형마트에서도 쉽게 볼 수 있는 상품 진열방식이다. 좀 더 자세하게 안내하기 위해, 진열선반의 상단(the top shelf), 중단(the middle shelf), 또는 하단(the bottom shelf)에 있는지를 알려줄 수도 있다. 예를 들어, 당신이 세제를 찾는다면 다음과 같은 직원과의 대화가 발생할 것이다.

🎧

고객: Excuse me! I am looking for a laundry detergent.
마트직원: Please, go to aisle 8, and you can find that on the bottom shelf.

상품 구매할 때 주의해야 할 사항은, 용무로서 **상품구매는 목표 지향적(Goal-oriented)이 되어야만 한다**. 다시 말하면 상품을 구매하기 전, 즉 상점에 가기 전 상점에 가는 목표(목적)를 미리 확인해야한다. 그 이유는 **편의점에서 아이스크림콘을 구매하는 상황과 옷가게에서 옷을 사는 상황은 다르기 때문이다**. 편의점에서는 "(원하는 아이스크림) 주세요."라는 표현만으로 원하는 상품을 구매할 수 있지만, 옷가게에서는 "**원하는 옷, 그리고 옷의 색상과 사이즈를 밝혀야 하기 때문이다. 그리고 상황에 따라 옷의 무늬(패턴)**"도 밝힐 필요가 있기 때문이다.

상품을 구매하기 전 (구매)목표를 설정할 때, 목표설정을 어떻게 할까? 어렵게 생각할 필요는 없다. 한국의 상황과 영어권 국가의 구매상황은 대부분 일치한다는 "보편적 핵심(Common Core)"이 있기 때문이다. 한국에서 옷을 구매하든 영어권 국가에서 옷을 구매하든, 당신은 당신의 **옷의 종류**뿐만 아니라 **옷의 사이즈** 그리고 경우에 따라서는 **색상**을 얘기할 필요가 있기 때문이다. 옷가게에서 발생할 수 있는 대화상황을 한국과 미국과 비교하면서, 아래와 같이 함께 확인해보자. 대화를 확인하면서, 영어 질문에 영어의 대답이 이미 결정되었다는 대화의 특징도 주의 깊게 살펴보자. 또는 상대의 질문에 유창성에 중점을 둔다면, "**파란색 표현 + please!**"라고 하면 된다. 예를 들면, "I am looking for T-shirts."라고 할 수 있고, 간단히

"T-shirts, please!"라고도 할 수 있다. "I wear an XL."라고 할 수 있지만, "XL, please!"라고도 할 수 있다. 음원을 들으며, 당신이 실제로 티셔츠를 사는 것처럼 대화에 참여하며 영어 의사소통을 연습하자.

단계	A: 상점직원(Salesclerk)	B: 고객(Customer)
인사	A: Good afternoon!	A: 안녕하세요!
	B: Good afternoon!	B: 안녕하세요!
용무(구매)	A: How may I help you?	찾으시는 상품 있으세요?
	B: I am looking for T-shirts.	티셔츠 있어요?
	A: What color would you like?	찾으시는 색상 있으세요?
	B: I would like light blue, please.	연한 파란색이요.
	A: What size do you wear?	사이즈는 어떻게 되세요?
	B: I wear an XL, please.	XL 주세요.
	A: Here you go?	여기 있습니다.
	B: May I try it on?	입어 봐도 될까요?
	A: Sure. Fitting rooms are over there.	물론이죠. 탈의실은 저쪽에 있습니다.
	B: Thank you for you help.	감사합니다.

비교해본 결과 한국의 옷 구매상황과 미국의 옷 구매상황이 매우 유사하다는 것을 확인할 수 있을 것이다. 따라서 상품을 구매하기 전 (구매)목표를 설정할 때, 한국의 의사소통 상황에 바탕을 두어 목표를 설정하면 된다. 이는 "보편적 핵심"에 바탕을 두었다.

    목표 지향적 의사소통의 장점은 "영어 말하기 능력 8시간 완성방법 - 영어학습자용"에서도 소개하겠지만, **첫째, 영어 의사소통 전에 의사소통 상황을 미리 확인하고 연습할 수 있다는 것이다.** 취업면접이 긴장되고 어려운 이유는, 어떠한 질문을 할지 모르기 때문에 긴장되고 어려운 것이다. 면접에서 어떠한 질문을 할지 미리 알고 있다면, 그 것에 맞게 준비하고 연습하면 되는 것이다. 마찬가지로, **영어능력이 부족한 영어학습자는, 의사소통 상황에서 어떠한 대화가 오고갈지를 모르기 때문에 두려운 것이며, 두렵기에 그 상황을 피하고 싶은 것이다.**

    목표 지향적 의사소통은 이러한 두려움을 최소화 할 수 있도록 도와줄 것이다. 따라서 목표 지향적 의사소통에 바탕을 둔 당신은 옷가게에서 어떤 대화가 오고 갈지를 미리 확인하고, 자신의 대화역할에 필요한 표현들을 미리 준비하고 연습할 수 있는 것이다. 그렇게 함으로써 자신이 원하는 **색상**과 **사이즈**의 원하는 옷을 구매할 수 있는 것이다. 그리고 **대화를 주고받는(Turn-taking)** 상황이 익숙하지 않고 여전히 두렵다면, 자신이 원하는 것을 상대방에게 한 번에 전달하면 될 것이다, **"I'm looking for a light blue XL T-shirt, (please)."** 또는 여행 중에 영어 말하기가 너무너무 두렵다면, 원하는 상품을 메모하여 소리 내어 읽거나 또는 직원에게 건네면 원하는 옷을 구매할 수 있다.

둘째, 목표 지향적 의사소통의 또 다른 장점은, 당신의 의사소통 목표에 따라, 그리고 당신의 영어 말하기 능력에 따라 당신이 하고 싶은 필요한 말만 하면 되는 것이다. 만날 때 인사하는 방법을 모르고, 안부를 묻는데 안부에 대한 답을 어떻게 할지 모른다 해도 상품구매가 목표라면, "I'm looking for 원하는 상품," "I need 원하는 상품," 또는 "원하는 상품, please!"라는 한 마디로 당신이 원하는 것을 구매할 수 있다. 인사를 하지 않고, 안부를 묻는 질문에 대꾸하지 않았다고 할지라도 상점주인 또는 직원이 당신을 내치지는 않을 것이다.

지금 당장 안부를 묻는 질문에 대답할 수 없는, 영어 말하기 능력이라고 해도 걱정할 이유가 없다. 앞서 언급한 것처럼, 갓난아기가 엄마(아빠)가 묻는 안부에 대답하지 못한다고 하여도 엄마(아빠)는 아기의 언어발달을 걱정하지 않는다. 아기의 언어발달단계를 인정하기 때문이다. 마찬가지로, 당신도 영어 발달단계를 인정하고, 당신의 영어 의사소통능력이 발달함에 따라, 당신의 의사목표를 넓혀가며 더 많은 영어표현과 영어 능력을 발전시켜 나가야 한다. "오늘은 구매뿐만 아니라, 인사도 하고 안부를 묻는다면, 'I'm fine, thank you!'라고 해야지... 그리고 헤어질 때는 'Have a nice day!'라고 할 거야!" 다시 정리하자면, 목표 지향적 의사소통은 자신의 발달단계를 인정하고, 발달단계에 따라 자신의 영어능력을 점진적으로 발전시켜나갈 수 있는 장점이 있다.

지금까지의 내용을 정리하자면, 상품을 구매하기 위해 상점에 들어간 후 상점주인 또는 직원에게 ❶ 인사를 주고받을 것이다. 그런 후 당신은 "I'm looking for 원하는 상품." 또는 "I need 원하는 상품."이라고 표현함으로써, 원하는 상품을 구매할 수 있다. 상점은 보통 서비스를 포함하기에, 아주 간단하게 "원하는 상품(또는 선택), please!"라는 표현만으로도 원하는 상품을 구매할 수 있다. 예를 들면, "T-shirt, please!" "Light blue, please!" 그리고

"XL, please!"라고 한다면, 원하는 색상과 사이즈의 티셔츠를 구매할 수 있는 것이다. 물론, 다음과 같이 간단한 표현들로 원하는 상품을 구매하기 위해서는 목표 지향적 의사소통이 되어야만 하며, 원하는 상품을 구매하기 전에 설정된 목표에 따라 발생할 대화를 미리 확인하고, 확인한 내용을 바탕으로 필요한 표현들을 준비하고 연습할 필요가 있다.

위의 표현들과 함께 상품을 구매할 때 사용할 수 있는 표현은, "I would like (to buy) 원하는 상품."이다. 그리고 구매를 결정하였다면, "I will take it!"이라고 할 수 있다. 이와 같은 영어 표현들로 한국에서 원하는 상품을 구매할 수 있다면, 영어권 국가에서도 당신이 원하는 상품을 구매할 수 있다. 예를 들면, "신발 한 켤레 사고 싶어요!"라는 표현, "I would like (to buy) a pair of shoes." 또는 "A pair of shoes, please!"으로 한국에서 신발을 구매할 수 있다면, 영어권 국가에서도 같은 표현으로 당신은 신발 한 켤레를 살 수 있는 것이다.

● 용무2: 서비스 구매

일상생활 속에서 상품구매와 함께 일상적으로 우리가 의사소통이 필요한 상황은 "**서비스를 구매**"할 때이다. 학교에 가기위해 또는 직장에 출근하기 위해 **교통서비스**를 구매해야한다. 오전 수업을 마치고 또는 오전 근무를 마치고, 점심식사를 할 때도 음식과 함께 서비스를 구매해야한다. 물론 식사라는 상품을 구매하는 것이지만, 음식을 조리하고 식탁까지 갖다 주는 서비스가 필요하다. 식사를 마치고 카페에 가서, 커피를 주문하면 커피라는 상품을 구매하는 것이지만, 커피를 끓이고 제공하는 서비스도 포함이 되는 것이다. 즉 우리는 일상적으로 **식(음료)서비스를 구매**한다.

놀이공원, 영화관 또는 노래방에 간다면, **(관람)오락서비스**를 구매하는 것이다. 이발소 또는 미용실에 간다면, **미용 서비스**를 구매하는 것이다. 호텔, 찜질방, 모텔, 펜션에 간다면 **숙박서비스**를 구매하는 것이며, 목욕탕, 온천, 사우나를 간다면 **목욕서비스**를 구매하는 것이다. 이처럼 우리 일상적으로 서비스를 구매하며, 영어권 국가 여행 중에서도 대부분의 일상은 상품구매와 함께 서비스 구매를 경험하게 될 것이다.

우리가 서비스를 구매할 때 사용할 수 있는 대표적인 표현은 "**I would like (to have) 원하는 서비스.**" 또는 "**I would like (to buy) 원하는 서비스.**"이다. 예를 들면, "**I would like (to have) one Americano.**" 또는 "**I would like (to buy) one Americano.**"라고 할 수 있다. 또 다른 예로 "**I would like (to buy) two tickets.**" 또는 "**I would like (to have) two tickets.**"라고 표현할 수 있다. 그러나 특정 의사소통상황에서는 이 두 표현을 교차적으로 사용할 수 없다. 한 예를 들자면, 우리는 미용실에서 "**I would like to have a haircut.**"이라고 할 수 있지만, "**I would like to buy a haircut.**"이라고는 하지 않는다. 또한 상황에 따라서 "I would like to **check in.**"처럼, "buy 또는 have"를 사용하지 않는 경우도 있다.

이처럼 서비스를 구매할 때, 서비스에 따라 다양한 표현이 가능하다. 택시를 타고 특정지역을 갈 때, 즉 교통서비스를 구매할 때 공통적으로 사용할 수 있는 표현은, "I would like to go to 원하는 장소."이다. 예를 들어, 원하는 장소가 "Hilton Hotel"이라면, "I would like to go to Hilton Hotel."라고 할 수 있다. 숙박서비스를 구매할 때 공통적으로 사용할 수 있는 표현은 앞서 소개한 것처럼, "I would like to check in."이다. 이와 같이 서비스를 구매하는 다양한 상황에서 다양한 표현들이 필요할 수 있다.

상황에 따라 표현을 달리해야한다면, 당신이 느끼는 영어의사소통에 대한 부담감은 분명 증가할 것이다. 이 책의 목적은 가장 빠른 시간에 당신이 영어권 국가 여행 중에 필요한 영어의사소통능력을 효과적으로 완성할 수 있도록 도움을 주는 것이다. 이 책에서 소개하고자 하는, 서비스 구매할 때 가장 효율적인 표현은, "원하는 서비스, please!"이다. 부연설명하자면, "I would like to have one Americano."라는 표현 대신에, "One Americano, please!"라고 할 수 있다. "I would like to buy two tickets."라는 표현 대신에, "Two tickets, please!"라고 할 수 있다. 물론, "I would like to have a haircut."이라는 표현 대신에, "(A) haircut, please!"라고도 할 수 있다. 마지막으로, "I would like to check in."이라는 표현 대신에, "Check in, please!"라고 할 수 있는 것이다. 마지막으로, "힐튼 호텔로 가 주세요!"라는 표현 "I would like to go to Hilton Hotel." 대신에 "Hilton Hotel, please!"라고 할 수 있는 것이다.

정리하자면, 당신의 일상생활에서 상품구매만큼 일상적으로 경험하는 것은 "서비스 구매"이다. 서비스 구매를 위해, "I would like to have (또는 buy) 원하는 서비스."라는 표현을 사용할 수 있다. 그러나 이러한 표현들뿐만 아니라, 서비스를 구매할 때 필요한 표현들은 상황에 따라 다를 수 있다. 상황에 따라 다르게 표현해야 한다는 것은, 다양한 상황에 필요한 많은 문장들을 당신이 기억해야만 한다는 것이다. 즉 당신의 영어의사소통에 대한 부담감은 커질 수밖에 없다. 따라서 당신이 해외여행 중에 어떠한 서비스 구매 상황에서도 사용할 수 있는 간결하고 효율적인 방법은, "원하는 서비스, please!"이다.

여행가기 전, 영어 말하기 의사소통능력을 발전시키기 위해, 한국에서 생활하는 동안 앞으로는 서비스를 구매할 때 우리말과 함께 영어 말하기 연습을 해 보자. 예를 들면, 택시를 타고 택시기사에게 "시청으로 가 주세요!"라는 표현은 영어로 어떻게 할 수 있을까? 한국에서 영어로 표현할 수 있다면, 해외여행 중에도 택시를 타고 원하는 장소로 갈 수 있는 것이다. 미용실에 가서 "파마 해주세요!"라는 표현은 영어로 어떻게 할 수 있을까? 식당에서 "물 좀 더 갖다 주세요!"라는 서비스 요청은? 술집에서 "맥주 2병 더 주세요!"라는 주문을 영어로는 어떻게 표현할 수 있을까? "(The) city hall, please!" "Perm, please!" "More water, please!" "Two more beers, please!"라고 할 수 있다면, 해외여행에서도 당신이 원하는 서비스를 구매할 수 있는 것이다.

> 세 번째 단계: 보상

　절차적 의사소통 상황에서 세 번째 단계는 ❸ 보상이다. 상품 구매와 서비스 구매는 대부분 보상이 따른다. 편의점에서 음료수를 사면 값을 치러야하며, 식당에서 음식을 먹은 후 당신은 음식 값을 치러야 한다. 미용실에서 파마를 하거나 또는 이발을 한 후 당신은 그에 따른 보상을 해야 한다. 그리고 보상 전에, 보통 당신이 하는 일은 "비용(값)을 확인하는 것이다." 우리말은 "얼마에요?"라는 표현으로 비용(값)을 확인한다. 영어권 국가에서도 마찬가지이다. 상품(또는 서비스)을 구매하면, 구매에 따르는 비용(값)을 치러야 한다. 그리고 우리말의 "얼마에요?"처럼 비용(값)을 확인하는 가장 간단한 표현은 "How much?"이다.

　비용(값)을 확인하는 표현은 상황에 따라 다양하게 나타날 수 있다. 먼저 상품구매 상황에서 사용할 수 있는 표현을 확인하고, 이어서 서비스구매 상황에서 비용(값)을 확인하는 표현을 확인하자.

● 보상1: 상품구매에서의 보상

　우리는 상점에서 상품을 구매하기 전에 또는 상품의 값을 지불할 때 상품의 가격을 묻는다. 상품을 구매하기 전이라면, 상품의 위치에 따라 값을 묻는 표현은 달라질 것이다. 예를 들면, 상품이 판매자와 구매자 모두로부터 떨어져 있다면, 구매자는 "저거 얼마에요?"라고 상품가격을 물을 것이다. 그런데 상품이 구매자와 가까운 곳에 있다면, 구매자는 "이거 얼마에요?"라고 할 것이다. 반면, 구매자보다는 판매자 근처에 있다면 "그거 얼마에요?"라고 할 것이다. 영어도 마찬가지이다. 가격을 묻는 가장 간단하면서도 기본적인 표현 "How much?"는 상품의 위치에 따라 상품가격을 묻는 표현은 달라질 것이다. 위치에 따라 가격을 묻는 다양한 영어 표현을 우리말과 비교하여 아래와 같이 정리하였다. 실제 상황에서 구매한다는 생각으로, 음원을 들으며 함께 해보자.

상품수량	우리말	영어
단수물품	이거 얼마에요?	How much is this?
	그거 얼마에요?	How much is it?
	저거 얼마에요?	How much is that?
복수물품	이것들(모두) 얼마에요?	How much are these?
	그것들(모두) 얼마에요?	How much are those/they?
	저것들(모두) 얼마에요?	How much are they?

　단품일 경우 "How much is this/it/that?"이라 물을 수 있고, 구매 물품이 여러 개일 경우, "How much are these/those/they?"라고 할 수 있다. "How much is this?" 대신에 뒤에 구체적인 상품을 밝히는 표현을 사용할 수 있다. 예를 들면 옷가게에서, "How much is this?" 대신에 "How much is this T-shirt?"이라고 할 수 있다. 마찬가지로, "How much are these?" 대신에 "How much are these pants?"라고 물을 수 있는 것이다. 바지의 의미를 가진 단어 "pants"는 단수물품이지만 복수물품 취급을 한다. 계산할 때 가격을 확인하는 것이라면, 구매상품이 판매자와 가까이 있기 때문에, 단수물품일 때는 "How much is it?" 그리고 복수물품일 때는 "How much are they?"라는 표현으로 가격을 확인할 수 있다.

간단하게	구체적으로
How much is this?	How much is this T-shirt?
How much are these?	How much are these pants?

　"How much ~~"라는 표현대신에 "How much do(es) ~~ cost?"라는 표현을 사용할 수도 있다. 단수물품일 때는 "does" 그리고 복수물품일 때는 "do"를 사용한다. 예를 들면, "How much does this (T-shirt) cost?"라고 질문할 수 있고, "How much do these (pants) cost?"라고 가격을 확인할 수 있다. 계산할 때 가격을 확인하는 것이라면, 구매상품이 판매자와 가까이

있기 때문에, 단수물품일 때는 "How much does it cost?" 그리고 복수물품일 때는 "How much do they cost?"라는 표현으로 가격을 확인할 수 있다. 이 밖에, "How much should I pay for this T-shirt (또는 these pants)?"라는 표현으로도 상품가격을 확인할 수 있다. 실제 상황에서 가격을 확인하듯, 음원을 듣고 따라하자.

상품수량	우리말	영어
단수물품	이거 얼마에요?	How much does this cost?
	그거 얼마에요?	How much does it cost?
	저거 얼마에요?	How much does that cost?
복수물품	이 티셔츠 얼마에요?	How much should I pay for this T-shirt?
	이 바지 얼마에요?	How much should I pay for these pants?
	그것들(모두) 얼마에요?	How much do they cost?

상품구매를 할 때, 당신이 가장 관심 있어 하는 것 중 하나는, 좀 더 싼 가격에 상품을 구매하는 것이다. 좀 더 싼 가격에 상품을 구매하기 위해서는 가격을 평가할 수 있어야한다. 우리말로 가격을 평가한다면 어떻게 평가할 수 있을까? "가격(값)이 비싸요," "가격(값)이 싸요," 그리고 "가격(값)이 적당해요."일 것이다. 생각보다 엄청나게 많이 싸게 샀다면, "거저 얻었어요!" "공짜로 얻다시피 했어요!"일 것이다. 또한 너무 비쌀 때는 "터무니없이 비싸다!"라고 할 것이다. 우리말에 해당하는 영어표현을 아래와 같이 정리하였다. 음원을 듣고 가격을 함께 평가해 보자.

가격평가	우리말	영어
비싸다	(값이) 비싸요!	It is expensive!
싸다	(값이) 싸요!	It is cheap!
적당하다	(값이) 적당해요!	It is reasonable!

거의 공짜다	거저 얻었어요!	It's a bargain!
		It's a steal!
		It's a really good deal!
너무 비싸다.	터무니없이 비싸요!	It's a rip off!

가격이 싼 제품을 사기위한 가장 간단하고 확실한 방법은 할인제품을 구매하는 것이다. 할인제품이 있는지를 확인할 수 있는 표현은, "Do you have anything on sale?"이다. 할인제품이 있다면, "Yes, I(we) have."라고 하며 상품이 어디에 있는지 안내할 것이다. 할인제품이 없다면, "No, I(we) don't have."이라고 할 것이다. 제품을 고를 때, 제품이 할인판매 중인지 확인하기 위해서는 "Are 원하는 상품들 on sale?"을 사용하여, 앞서 위치에 따라 다르게 하는 표현을 사용하면 될 것이다. 예를 들면, 구매자와 판매자 모두로부터 떨어져 있는 제품이라면, 단품일 때는 "Is that on sale?" 그리고 복수물품이라면 "Are they on sale?"이라고 확인하면 된다. 이미 구매를 결정한 상품이 할인판매인지를 확인하기위한 표현으로는, 단품일 때는 "Is this on sale?" 그리고 복수물품이라면 "Are these on sale?"라고 할 수 있다.

구매 상품이 할인 판매 중이 아니라면 "No, (it's not.)" 또는 "No, (they're not.)"이라고 할 것이다. 구매 상품이 할인 판매 중이라면, 판매 직원은 할인(율) 정보를 알려줄 것이다. 음원을 듣고, 할인 제품인지 함께 확인해 보자.

Customer	Salesclerk
Do you have anything on sale?	Yes, we have.
	No, we don't.
Is this on sale?	Yes, it is 20% off the (original) price.
	No, it isn't.
Is that on sale?	Yes, that is 10% off the sale price.
	No, that isn't
Is it on sale?	Yes, it is 15% off the original price.
	No, it isn't.

Are these on sale?	Yes, they are 5% off the sale price.
	No, they aren't.
Are they on sale?	Yes, they are 25% off the original price.
	No, they aren't.

20% 할인은 가격이 $100이라면 $80에 살 수 있다는 것이다. 그리고 "10% off the sale price" 할인가격에서 다시 10% 할인된 가격으로 판매한다는 것이다. $100 가격의 상품을 할인해서, $80에 판매하는 제품을 다시 10% 할인하면, $72에 구매할 수 있다는 것이다.

구매하고 싶은 상품을 할인판매하지 않는다면, 당신은 구매상품 가격을 흥정할 수 있다. 흥정할 수 있는 다양한 방법이 있으며, 그 중 간단하게 표현할 수 있는 것들만 아래와 같이 확인해 보자. 가격을 흥정하기 전, 가격을 흥정하고 싶은 이유(필요)가 있다는 것을 판매자에게 표현할 필요도 있다. 흥정하고 싶은 이유도 아래와 같이 다양하게 표현할 수 있다. 판매자와의 가격흥정에 익숙하지 않다면, 직접적으로 사고 싶은 가격을 제시할 수도 있다. 가장 간단한 방법은, "How about 원하는 가격?"이다. 예를 들면, $2달러에 사고 싶다면, "How about two dollars?"라고 할 수 있다. 또는 조금은 애절한 목소리로 "I will give you $2 for 구매 상품."라고 할 수 있다. 실제 구매상황이라 생각하고, 음원을 들으며 가격을 흥정해 보자.

🎧

이유	할인 요청
This is a little bit expensive.	Can I get a discount?
This is over my budget.	Can you offer a discount?
This is more than I have.	Can you lower the price?
This is more than I can pay.	Can you do better on the price?
This is selling for 3 dollars.	How about two dollars?
It is priced at 9 dollars.	I will give you 8 dollars for this T-shirt.

● 보상2: 서비스 구매에서의 보상

상품 구매할 때와 마찬가지로, 서비스를 구매할 때(구매하기 전)에도 마찬가지로, "How much is 서비스?" 또는 "How much does 서비스 cost?"라고 표현할 수 있다. 물론 "How much should I pay for 서비스?"라고도 표현할 수 있다. 예를 들면, "How much is a haircut?"이라고도 할 수 있으며, "How much does a haircut cost?"라고도 할 수 있다. 또는 "How much should I pay for a haircut?"이라고도 할 수 있다. 서비스 구매할 때 주의할 것은 놀이공원이나, 박물관 또는 영화관에서의 서비스를 구매할 때 보통 입장권을 구매하기 때문에, 상품 구매하는 것처럼 질문할 필요가 있다. 예를 들면, "How much is the ticket?" 또는 "How much is it?"이라고 질문할 수 있고, 여러 장의 입장권을 구매한다면 "How much are the tickets?" 대신에 "How much are they?"라고 질문할 수 있다.

상황에 따라 다양하게 표현하는 부담감 대신에, 가장 간단하게 "How much?"라는 비용(값)을 확인할 수 있다. "영어능력 8시간 완성방법: 말하기 편"에서 소개한 것처럼, 당신이 대화의 책임을 공유한다면, "How much?"라는 간결한 표현만으로도 성공적으로 의사소통 할 수 있다. 판매자는 당신이 무엇에 대해 보상을 하려는지 이미 알고 있기 때문이다. 어쩌면 가격이 표시되어 있는 상품을 구매할 때, 또는 메뉴판에 가격이 표시되어 있는 서비스를 구매할 때, "How much?"라는 질문 자체를 하지 않아도 될 것이다.

당신이 구매의사를 밝히고 "How much?"라는 질문으로 값을 치르려 할 때, 판매자는 다음과 같이 당신의 지불방법을 물을 수 있다.

판매자: How would you like to pay, (by) cash or (credit) card?
구매자: (I would like to pay) by card, please!

또는 좀 더 친밀하게 구매자는 다음과 같이 질문할 수 있다.

판매자: Are you paying with cash or card?
구매자: I am paying with card, please!

음원을 들으며 실제 가격을 지불하듯이 아래 대화를 연습해 보자.

구매자	판매자
How much?	That will be $28.56.
I see.	How would you like to pay, cash or card?
I would like to pay by credit card, please.	
How much?	$28.56. Are you paying with cash or credit card?
I am paying with a credit card, please!	

네 번째 단계: 인사

4개의 절차적 단계 중 마지막 단계는 헤어질 때 상대방과 주고받는 ❹ 인사이다. 헤어질 때의 인사도 만날 때 하는 인사처럼, 시간에 관계없이 건넬 수 있는 인사가 있고, 시간에 따라 다르게 표현할 수 있는 인사법이 있다. 시간에 관계없이 주고받을 수 있는 표현은, "(Good) bye!" 또는 "Bye-bye!"이다. 또는 "See you!" 또는 "See you again!"이라고 할 수 있다. "Have a good(nice) day!"는 해질 무렵 전까지는 시간에 관계없이 사용할 수 있다고 한다. 일몰 이후에는 "Have a good(nice) evening!"이라고 인사하면 될 것이다. 상대방의 인사말을 듣고 간단하게 "You too!"라고 할 수 있다. 음원을 들으며 상대방에게 실제로 인사를 건네듯 연습해 보자.

🎧

판매자	고객
Good bye!	Bye-bye
See you again!	See you!
Have a good day!	Have a nice day!
Have a good evening!	Have a good evening.
Have a good night!	You too!

지금까지의 내용을 정리하자면, **첫 째 어떠한 의사소통 상황이든 4개의 절차적 단계[인사 – 용무(구매: 상품 또는 서비스) - 보상 – 인사]로 전개된다.** 따라서 이 4개의 절차적 단계에 필요한 영어 표현을 구사할 있다면, 해외여행 중 일상생활 대부분의 상황에서 성공적으로 의사소통 할 수 있다. 여행 가기 전에, 절차적 단계에 필요한 영어표현으로 한국의 일상생활에서 영어 의사소통 연습을 하자.

절차적 단계	직원	고객
인사	Good morning!	Good morning!
	Good afternoon!	Good afternoon!
	Good evening!	Good evening!
	Hello!	Hi!
	How are you?	How are you?

용무 (구매)	상품	How can I help you?	I'm looking for (상품), please.
		Do you need my help?	I need (상품), please.
	서비스	May I help you?	(서비스), please!
		What can I get you?	(서비스 상품), please!
보상		That will be $28.56.	How much?
인사		Good bye!	(Good) bye!
		Have a good day!	Have a good day!

둘째, 해외여행 전에 한국에서 해외여행 중에 경험할 수 있는 영어 의사소통 상황을 앞서 경험할 수 있다고 하였다. 이러한 견해를 뒷받침할 수 있는 이론적 배경은 보편적 핵심이다. 한국의 의사소통 상황과 영어권 국가에서의 의사소통 상황 모두 4개의 보편적 절차로 설명할 수 있다는 것이 "**보편적 핵심**" 이론의 중심 내용이다. 보편적 핵심의 또 다른 견해는, 4개의 보편적 절차에 필요한 표현들은 한국에서뿐만 아니라 영어권 국가에서도 통용된다는 것이다. 따라서 한국에서 아침에 만날 때 하는 인사 "**Good morning!**"을 할 수 있다면, 영어권 국가에서도 같은 표현으로 인사할 수 있다. "**I'm looking for 원하는 상품.**"을 한국의 구매상황에서 표현할 수 있다면, 영어권 국가에서도 원하는 상품을 구매할 수 있는 것이다. 또한 보상할 때 필요한 표현 "**How much?**"를 한국에서 할 수 있다면 영어권 국가에서도 할 수 있는 것이며, 한국에서 헤어질 때 하는 인사, "**Have a nice day!**"는 영어권 국가에서도 같은 의미로 통용되는 인사말이다.

마지막으로, 4개의 절차적 단계에 필요한 표현들을 좀 더 효율적으로 그리고 성공적으로 활용하기 위해서는, **당신의 영어의사소통은 목표 지향적이 되어야한다.** 목표 지향적이 된다면, 영어의사소통 전에 당신은 영어의사소통 상황에 필요한 표현들을 미리 준비할 수 있을 것이다. "내가 화원(꽃집)을 왜(목표?) 가는 거지?" "아, 장미 꽃 한 다발 사러 가는 거구나!" "근데 장미가 영어로 뭐야? 꽃다발은?" "가서 얼마치를 사야하는 것이지?" "그래 5만원어치

사자!" "장미꽃은 rose, 그리고 꽃다발은 bouquet이니까, a bouquet of roses, please!라고 되겠네!" "5만원어치 주세요! 이건 어떻게 하지? 아 그냥 '나 5만원밖에 없어요!'라고 하면 안 될까? I have only 50 dollars for it." "혹시 무엇에 필요한 것이냐고 물으면 어떡하지? 생일기념이니까, 그냥 birthday라고 하면 되겠지?" "꽃 색깔은? 빨간색이니까, red라고 하면 되겠다." 이와 같이 화원에 가기 전, 화원에 가는 목표를 설정한다면, 화원에서 발생할 수 있는 영어의사소통을 미리 준비하고 연습할 수 있다.

미리 연습하고 준비한다는 장점과 함께, 목표 지향적 의사소통의 또 다른 장점은 4개의 절차적 단계를 선택적으로 표현할 수 있다는 것이다. "오늘은 ❶ 인사할 기분이 아니야, 가격을 물을 때 대답하기 싫으니까 그냥 신용카드만 건넬 거야(❷. 보상). 그리고 나올 때는 그냥 'See you'라고 ❹인사만 해야지." "아참! 그리고 질문하고 답하고 또 질문하고 답하고 그런 것들이 귀찮으니까, ❷ 구매할 때 그냥 'A bouquet of red roses for 50 dollars, please!'라고 해야지." 선택적 표현은, 영어 발달단계에 자신의 영어능력에 따라 성공적으로 영어의사소통을 할 수 있도록 도와줄 수 있다. 그리고 영어능력이 발달함에 따라, 4개의 절차적 단계를 확대하여 각 단계에 필요한 표현들을 활용하여 좀 더 유창하게 의사소통을 하면 되는 것이다.

지금까지 내용을 이해하였다면, 영어권 국가에서 의사소통 한다는 생각으로, 한국의 일상생활 속에서 영어 말하기 의사소통 연습을 하자. 목표지향적 의사소통에 바탕을 두어, 4개의 절차적 단계에 필요한 영어표현들을 활용한다면 일상생활 어떠한 상황에서도 성공적으로 의사소통 할 수 있을 것이다. 당신이 해외여행 중에 경험할 의사소통 상황을 한국에서 미리 경험한다면, 유창한 영어 말하기 능력과 함께 해외여행을 백배 더 즐길 준비가 된 것이다. 영어 말하기에 대한 자신감을 가지고, 해외여행을 백배 즐길 수 있다는 행복한 기대와 함께 해외여행을 꼼꼼히 준비하도록 하자.

출국 준비하기

출국 준비를 하기 위해, 해외여행에 필요한 여권과 항공권은 준비하였는 가? 그리고 숙박시설을 예약하였다면, 예약확인을 증명할 수 있는 문서 또는 전자메일을 준비하였는지 확인하자. 복용하는 약은 반드시 챙기고, 구급약을 준비한다면 여행 중에 큰 도움이 될 것이다. 또한 해외여행 중에 교통비, 입장료, 숙박비 등등에서 할인혜택을 받을 수 있는 국제학생증, 국제교사증, 또는 만30세 이하라면 국제청소년증도 준비하자. 발급하는데 초기비용이 필요하니 여행기간이나 여행계획에 따라 발급이 더 유익한지 꼼꼼히 따져서 결정하자. 끝으로, 응급상황에 대비하여 목적지 국가의 한국대사관 또는 영사관 전화번호도 준비하자.

비행기 표 예약하기

여권과 함께 해외여행을 가기 전 준비해야 하는 가장 기본적인 것은 비행기 표이다. 요즘 우리들 대부분은 인터넷 온라인을 통해 목적지 비행기 표를 구매하거나 또는 여행사 방문을 통해 비행기 표를 대행 구매한다. 그래서 항공사 또는 여행사에 전화를 걸어 직접 비행기 표를 구매하는 것은 매우 드문 상황일 것이다. 그러나 해외여행 중에 일정에 변경이 있어 갑작스럽게 귀국해야만 한다면, 급하게 항공권을 직접 (예약)구매할 상황도 필요할지 모른다. 또한 영어말하기 능력을 좀 더 유창하게 발전시키기 위해서는, 일상생활에서 발생할 수 있는 다양한 의사소통 상황에서 영어 말하기 연습을 경험할 필요가 있다.

목표 지향적 의사소통에 바탕을 두어, 전화상으로 비행기 표를 구매하도록 하자. 비행기 표를 구매하기 위해 필요한 정보는 무엇일까? 목적지 국가와 도시, 편도인지 왕복인지, 출발일과 시간, 그리고 좌석 등급(이코노미, 비즈니스 또는 퍼스트 클래스)과 좌석선택이다. 이외에도 구매자의 이름 그리고 지불 수단인 신용카드도 필요하다. 필요한 정보가 준비되었다면, 전화를 걸어 4개의 절차적 단계에 따라 표를 구매하도록 하자. 다시 한 번 확인하자면, 어떻게 답을 해야 할지는 질문이 알려준다고 하였다. 또는 유창성에 바탕을 두어 파란색의 대답만 한다면, 질문에 대한 대답은 쉬워질 것이다. 음원을 들으며, 실제로 항공권을 구매한다는 생각으로 대화 상황을 연습해 보자.

단계	A: 항공사 직원	B: 고객
인사	A: Good morning! British Airways. How may I help you?	
	B: Good morning! I would like to buy a ticket to London, please.	
용무 (구매)	A: Would you like a one-way or round trip ticket?	
	B: I would like round trip, please.	
	A: When would you like to leave?	
	B: On August 9 in the morning.	
	A: When would you like to return?	
	B: On August 15.	
	A: Would you like economy, business, or first class?	
	B: I would like business, and a window seat please!	
	A: I'll check availability. Hold on, please!	
	A: We have a flight leaving Incheon at 10:35 on August 9 and arriving in London at 14:35 on the same day. Also, we have a flight leaving London at 12:35 on August 15 and arriving in Incheon at 07:35 on the next day. Is this okay for you?	
	B: Yes, it is.	
	A: May I have your name and date of birth?	
	B: Yes. My name is Seung Jung Kim, and my date of birth is August 28, 1997.	

보상	B: How much is the ticket?
	A: That will be $1,827. And how will you pay?
	B: I want to pay with my credit card, and here is my credit number; it's 1234-5678-9012-3456. It expires on August 2039.
	A: You are all set. I will send you your e-ticket and itinerary by e-mail. May I have your email address?
	B: Sure. My email address is study_english@langloveedu.com.
인사	A: I see. Thank you for using British Airways. Hope you enjoy your trip!
	B: Thank you for your help. Have a good day.

위의 대화에서 살펴보았듯, 비행기 표를 구매하기 위해 긴 대화가 필요하다. 긴 대화이기에, 대화를 시작하기도 전에 자신감을 잃을 수도 있고, 또한 영어대화가 두렵고 떨릴 수도 있다. 그러나 대화의 내용, 특히 파란색 글씨를 중점적으로 확인한다면 당신이 미리 확인한 필요한 정보에서 크게 벗어나지 않는다는 것을 알 수 있다. 그래서 당신이 확인한 정보를 질문에 따라 대화 상대방에게 전달해 주면 되는 것이다. 확인한 정보를 상대방에게 전달하는 것이 더 어렵다고 생각할 수도 있다. 그러나 "영어 말하기 능력 8시간 완성방법 - 영어학습자용"에서 밝히듯이, 유창성(파란색 글씨만을 이용한 대답)에 바탕을 두든, 정확성(빨간색 부분인 문장의 일부와 함께)에 바탕을 두든 질문에 대한 답은 쉽다는 것이다. 이와 같은 견해를 아래의 보기들과 예를 들어 설명하였다. 음원을 들으며, 대화에 함께 참여해 보자.

🎧

질문내용	A: 항공사 직원	B = 고객
왕복 vs. 편도	A: Would you like a one-way or round trip ticket?	
	B: I would like round trip, please.	
출발일	A: When would you like to leave?	
	B: On August 9.	

귀국일	A: When would you like to return?
	B: On August 15.
항공권 종류	A: Would you like economy, business, or first class?
	B: I would like economy, please.
좌석 선택	A: Would you like a window seat or aisle seat?
	B: I would like a window seat, please.

　위의 보기에서 파란색 부분만을 이용해 대답한다면 유창성에 중점을 둔 대화이며, 빨간색과 함께 문장 전체를 이용한다면 정확성에 중점을 두어 대답한 것이다. 그리고 정확성에 중점을 두었더라도 대답이 쉬울 수 있는 이유는, 어떻게 대답을 해야 할지 질문이 미리 알려준다는 것이다. 자신의 영어능력이 아직은 부족하다면 유창성에 중점을 두어 의사소통하는 것이 적절하며, 영어능력에 자신감이 있다면 정확성에 중점을 두어 의사소통능력을 좀 더 발전시키려는 노력이 필요하다. 이는 언어발달과정은 한 두 단어로 의사소통하는 발달단계로 시작하여, 문장을 완성해 가는 방법으로 언어능력을 발달해가는 과정이기 때문이다.

숙박시설 예약하기

비행기 표가 준비되었다면, 이제 여행 중에 머물 숙박시설을 예약해보자. 항공권과 마찬가지로 여행사 방문을 통해서 아니면 인터넷 온라인상으로 예약할 수 있다. 그러나 앞서 주장했듯이, 영어말하기 능력을 좀 더 유창하게 발전시키기 위해서는 일상생활에서 발생할 수 있는 다양한 의사소통 상황에서 말하기 연습을 실제로 하는 것이 필요하다. 뿐만 아니라, 여러 여행지를 옮겨 다니며 여행할 때에도 다음 행선지의 숙박시설을 전화상으로 예약할 필요성이 있기 때문이다. 이와 같은 상황을 대비하기 위해, 숙박시설을 예약할 수 있는지 확인하자.

목표 지향적 의사소통에 바탕을 두어, 숙박시설 예약을 위해서는 어떠한 정보가 필요한지 예약에 앞서 미리 확인할 필요가 있다. **가장 기본적인 정보는 숙박시설 투숙일과 며칠 밤을 머물 것인지(퇴실 일), 투숙하고자 하는 방의 종류, 동반인원, 그리고 당신의 이름과 신용카드 번호일 것이다.** 혹시라도 방의 종류(객실 형태)에 익숙하지 않다면, 아래 정보를 활용해 보자 (출처 – https://setupmyhotel.com).

객실 형태	객실 특징	크기 (평방미터)	수용인원
Single	침대 하나 또는 하나 이상	37-35	1
Double	침대 하나 또는 하나 이상	40-45	2
Triple	트윈침대=3, 더블침대=1+트윈침대=1, 또는 더블침대=2	45-65	3
Quad	두 개 또는 두 개 이상의 침대	70-85	4명
Queen	퀸 사이즈 침대=1	32-50	1명 이상
King	킹사이즈 침대=1	32-50	1명 이상
Twin	트윈 침대=2	32-40	1명 이상
Studio	침대=1 또는 침대=1+소파침대=1	25-40	1명 이상
Suite	침실 1개 또는 2개+거실	70-100	

위에 소개한 정보는 가장 일반적인 호텔 객실 형태이다. 호텔 객실의 종류는 일반적으로 호텔규모와 호텔 수준에 따라 다양하다. 따라서 위에서 소개한 정보에서 당신이 원하는 형태의 객실이 없다면, 호텔에 직접 문의하는 것이 빠를 것이다. **호텔에 동반인원을 얘기해주면 동반인원에 알맞은 객실을 호텔이 추천해 줄 것이다.** 그리고 객실 종류에 따라 호텔 가격이 결정되므로, 예약하기 전에 원하는 객실 형태와 가격을 목적지 호텔 인터넷 사이트를 통해 미리 확인할 필요가 있다.

이러한 기본정보를 확인하였다면, 호텔 직원의 질문에 따라 당신이 미리 확인한 정보를 전달해 주면 된다. 다시 한 번 확인하자면, 유창성에 중점을 두든 정확성에 중점을 두든 질문에 대한 대답은 쉬울 수 있다고 하였다. 필요한 정보를 확인하였다면, 음원을 들으며 4개의 절차적 단계에 따라 실제로 호텔 객실을 예약하듯 대화를 연습하도록 하자.

절차	A: 접수 직원(Receptionist)	B: 고객(Customer)
인사	A: Good evening! London Hotel.	B: Good evening!
용무 (구매)	A: How may I help you?	
	B: I would like to reserve a room.	
	A: When would you like to check in?	
	B: I'd like to check in October 9 for two nights.	
	A: What type of room would you like?	
	B: I would like a twin room.	
	A: Let me check. We have a twin room available for those dates.	
	B: That's great!	
	A: Would you like to book the room?	
	B: Yes, please.	
	A: May I have your name?	
	B: My name is Seung Jung Kim	
	A: How do you spell your name?	
	B: S-E-U-N-G J-U-N-G K-I-M	
	A: OK. Thank you.	
보상	B: How much should I pay?	
	A: It's $70 a night, so that will be $140 for two nights.	
	B: Can I pay with my credit card?	
	A: Sure. May I have your credit card number?	
	B: Yes. My credit card number is 1234-5678-9012-3456.	
	A: And what is the expiration date?	
	B: It's valid through August 2039.	
	A: You are all set. I will send you a confirmation by e-mail.	
	B: That's great.	
	A: So, may I have your email address?	
	B: Yes. My email address is study_english@langloveedu.com.	
	A: Is there anything else I can help you with?	
인사	B: That's it. Thank you.	
	A: Thank you. We look forward to seeing you. Have a nice day!	
	B: Have a nice day!	

대화에서 확인할 수 있듯이 "객실을 예약하고 싶어요!"라는 표현은 "I would like to reserve a room, please." 또는 "I would like to book a room, please."라고도 할 수 있다. 객실을 선택함에 있어 특별한 요구사항이 있다면, 특별 요구사항도 목표 설정에 포함시키면 될 것이다. 조용한 객실을 원한다면, "I would like a quiet room, please!" 또는 특정 전망을 원한다면, "I would like a room with a view of the city(the downtown, the park, the ocean, the river, the lake, the mountain, and so on), please!" 그리고 보상단계에서 상품 또는 서비스를 구매할 때, 본래의 가격에서 세금이 추가될 수 있다는 사실을 기억할 필요가 있다. 이밖에도 호텔은 숙박 서비스를 구매하는 것이기 때문에, "원하는 것(서비스) + please!"를 사용한다면, 어렵지 않게 원하는 서비스를 얻을 수 있을 것이다. 예를 들면, "아침에 깨워주세요!"라는 서비스는 어떻게 요구 할 수 있을까? "(A) morning call, please!"라고 하면 될 것이다.

비행기 표와 숙박 시설을 예약하였다면, 이제 여행을 떠나자. 떠나기 전, 여권과 항공권 그리고 숙박시설 예약 확인서를 다시 한 번 확인하자. 해외여행 중에 직접 운전할 계획이라면, 국제 운전 면허증을 반드시 준비할 필요가 있다.

> 출국하기

필요한 모든 해외여행 준비가 끝났다면, 이제 항공권에 표기되어있는 출국 공항으로 출발하자.

● 공항으로 출발

대중교통을 이용한다면 택시, 버스, 지하철, 그리고 호텔에서 운영하는 셔틀버스가 있을 것이다. 대중교통 타는 곳을 모른다면, 주변의 사람들에게 물어볼 필요가 있을 것이다. 영어로 어떻게 질문할 수 있을까? "Where can I take a taxi (bus/subway/shuttle) to 목적지 공항(Kennedy International Airport)?" 좀 더 공손한 표현으로는 "Could you tell me where I can take a taxi (bus/subway/shuttle) to 목적지 공항(Kennedy International Airport)?"이다. 그리고 묻기 전에 상대방의 주의를 끌기 위해서, "Excuse me!"로 시작해야하는 것도 잊지 말자. 그리고 혹시라도 영어를 말하는지, "Excuse me! Do you speak English?"라는 표현도 기억해두면 여행 중에 도움이 될 것이다. 그럼, 4개의 절차적 단계에 따라, 음원을 들으며, 대중교통을 이용하여 출발 공항으로 가는 영어 의사소통상황을 확인하자.

🎧

절차		대중교통	승객
인사		Hello!	Good afternoon!
용무	택시	Where would you like to go?	London Airport, please!
	버스	Where would you like to go?	Is this to Sydney Airport?
	전철	Where would you like to go?	Is this to Incheon Airport?
	셔틀	Where would you like to go?	Is this to Kennedy Airport?
보상		That will be $56.28.	How much is the fare?
인사		Have a nice trip!	(Good) bye!

대중교통을 이용하여 공항에 도착하였다면, 탑승수속을 위해 항공예약권에 표기된 해당 항공사 카운터로 가야한다. 혹시라도 탑승수속을 하는 긴 줄이 있다면, 탑승권 자동발권기(Self check-in Kiosk)를 이용하여 시간을 절약할 수도 있다. 자동발권기에서 탑승권(A boarding pass)을 받은 후, 소화물이 있다면 발권기에서 소화물 태그(Bag tag)도 함께 받아야한다. 태그를 소화물에 부착한 후 소화물 집배소(Baggage Drop)로 가서 소화물을 실으면 될 것이다. 발권기를 이용하지 않는다면 탑승 수속대(Check-in Counter)로 가서 아래와 같이 탑승 수속을 거쳐야만 한다.

● **탑승 수속(Check-In)**

목표 지향적 의사소통에 맞춰, 탑승 수속 전에 탑승 수속에 필요한 것이 무엇이고, 직원과 어떠한 대화가 오고갈지를 미리 확인해보자. **필요한 것은 여권과 항공예약권**이다. 그리고 당신이 해야 할 일은, **소화물이 있다면 소화물을 기내에 싣는 것**과 좌석이 결정되지 않았다면 **좌석을 결정하는 것**이다. 탑승수속을 할 때 당신이 알아야 할 짐의 형태는 소화물(Checked baggages)과 수화물(Hand/Carry-on luggage)이 있다. 소화물은 화물칸에 실어야 하며, **수화물은 기내로 가져갈 수 있다**. 당신의 여권과 항공권으로 탑승권을 얻고 소화물을 기내에 싣는다면, 비행기를 타고 출국할 수 있는 것이다.

그럼 4개의 절차적 단계에 따라 음원을 들으며 탑승 수속에 필요한 영어표현들을 확인하자. 아직은 영어 말하기에 자신이 없다면, 유창성에 바탕을 두어 파란색 표현을 중심으로 영어 의사소통 연습을 하자.

절차	A: 항공사 직원	B: 승객
인사	A: Good afternoon! How are you?	B: Good afternoon!
용무 (구매)	A: How may I help you?	
	B: I would like to check in.	
	A: Where are you flying to?	
	B: I am flying to London.	
	A: May I see your passport and ticket?	
	B: Sure. Here you are!	
	A: Do you have any baggages to check in?	
	B: Yes, I have one suitcase to check in and one carry-on luggage.	
	A: Please, put your check-in suitcase on the scale.	
	B: Yes, I will.	
	A: Would you like a window seat or aisle seat?	
	B: I would like an aisle seat, please.	
	A: Your seat number is D38. Your flight departs from Gate 45. Boarding starts at 10:35. Please, be at the gate by 10:10.	
	B: I see. I will.	
보상	A: Here is your passport and boarding pass.	
	B: Thank you.	
인사	A: Have a nice flight.	B: You have a good day!

　대화의 내용, 특히 파란색 글씨를 중점적으로 확인한다면 당신이 미리 확인했던 필요한 정보에서 크게 벗어나지 않는다는 것을 알 수 있을 것이다. 그러므로 탑승 수속절차를 진행할 때, 항공사 직원의 질문에 따라 당신이 미리 확인하고 준비한 정보를 직원에게 전달해 주면 된다. 그리고 탑승 수속에 필요한 소화물과 수화물에 대해 좀 더 확인해보자.

　항공사가 국제 민간 항공 수송 협회(IATA: The International Air Transport Association)의 권고사항을 따른다면, 기내 안으로 휴대할 수 있는 수화물은 가로 35cm x 세로 20cm x 높이 55cm라고 한다. 승인된 수화물에 "IATA Cabin OK"라는 로고(Logo)가 있는 태그(꼬리표: Tag)를 수화물에 붙여줄 수 있다. 소화물은 크기보다는 무게로 제한을 두는데, 권고 무게는 23kg이고 최대 32kg이라고 한다. 그리고 권고한 부피는 가로 x 세로 x 높이 모두 158cm이며 최대 203cm이다. 비행기의 안전과 짐을 운반하는 사람의 건강을 위해 제한을 권고한다고 한다. 지금까지의 내용은 권고사항이며, 소화물과 수화물에 대한 승인 결정은 항공사마다 다르기에, 이용하는 항공사 규정을 여행 전에 확인해야 한다.

승인된 소화물은 태그를 붙이고 태그의 일부(Stubs)를 당신의 탑승권에 붙여준다. 태그의 일부(Stubs)는 비행기에 실은 소화물을 목적지 공항에서 다시 찾을 때, 소화물에 대한 당신의 소유를 증명할 수 있는 문서와도 같은 것이다. 태그(Bag tags)를 "Baggage tags," "Baggage checks," 또는 "Luggage tickets"이라고도 한다. 목적지 공항 전에, 경유지 공항에서 "환승하는 항공편: Connecting flight"가 있다면, 경유지 공항에서 짐을 찾아 환승 항공편에 짐을 옮겨 실어야 하는지 확인할 필요가 있다. 물론 대부분의 항공사는 경유지 공항에서 짐을 찾아 다시 탑승 수속을 거치는 번거로움을 없도록 하고 있다.

하지만 만일의 경우에 대비해 아래와 같이 확인할 필요가 있다. 상황설정은 시카고 오헤어 국제공항을 경유하여 오하이오 주 콜럼버스로 향하는 것으로 설정하였다. 음원을 들으며 함께 대화에 참여하여 연습해 보자.

A: 고객	B: 항공사 직원
A: Should I pick up my bag at O'hare Airport and check it in there again?	
B: No, your bag will be carried all the way to Columbus.	

수화물과 소화물에 대한 탑승수속이 끝나면, 항공사 직원은 당신이 좌석을 선택할 수 있도록 도와줄 것이다. 일반적으로 창가 쪽의 좌석(Window seats) 또는 복도 열 좌석(Aisle seats)에서 당신이 선호하는 좌석을 선택하면 된다. 그런 후 당신이 좌석을 선택하면, 항공사 직원은 당신의 좌석번호와 탑승 장소 그리고 탑승 시작시간을 알려줄 것이다. 그리고 탑승 시작 시간은 보통 비행기 출발시간 30-40분 전이다. 모든 탑승 수속이 끝나면, 항공사 직원은 당신의 여권과 탑승권을 건네준다. 이 모든 대화상황을 음원으로 들으며, 실제로 대화에 참여하듯 영어 의사소통을 연습해 보자.

대화 상황	A: 항공사 직원　B = 고객
좌석 선택	A: Would you prefer a window seat or an aisle seat?
	B: I would prefer a window seat, please.
탑승 안내	A: Your seat number is D38. Your flight departs from Gate 45, and boarding begins at 10:05. You should be at Gate 45, 30 minutes before departure.
	B: I see. Thank you.
여권과 항공권 전달	A: Here are your passport and boarding pass! Have a nice flight
	B: Have a good day.

보안 검색대(Security-check) 통과하기

　탑승 수속을 마치면 그 다음으로 보안 검색대를 통과하는 절차를 거쳐야 한다. 보안 검색대로 가기 전, 입구에서 공항 보안직원이 당신의 여권과 탑승권을 확인한 후 당신을 보안검색대로 안내할 것이다. 이 때의 상황을 음원을 들으며 확인해보자.

🎧

상황	A: 공항직원	승객
여권과 탑승권 확인	A: May I see your passport and boarding pass?	
	B: Here you go!	
보안검색대로 안내	A: Now you may proceed to the security check.	
	B: Thank you!	

　보안검색대에 가기 전에 물을 포함한 액체를 휴대하고 있는지 다시 한 번 확인하자. 기내에 액체를 휴대하고 들어갈 수 없기 때문에 보안 검색대도 통과할 수 없다. 물이라면 보안검색대 도착 전에 전부 마셔야 한다. 보안 검색대에 도착하면 당신의 순서를 기다려야 한다. 혹시라도 초조한 마음에 계속 앞으로 진행하는 경우가 있다. 그때는 보안직원이, "**노란색 바깥쪽에서 차례를 기다리세요.**"라는 뜻의 영어표현 "**Please, wait for your turn behind the yellow line.**"라고 할 것이다. "**behind the yellow line.**"은 지하철을 이용할 때마다 우리가 듣는 영어표현이다. 혹시라도 위의 영어표현을 모르겠다면, 그 상황 속에서 앞 사람의 행동을 자세히 관찰하자. 그리고 앞 사람의 행동을 따라한다면 무사히 검색대를 통과할 수 있을 것이다.

　일반적인 검색대 통과 상황은 다음과 같다. ❶ **당신의 수화물과 모든 소지품을 바구니에 넣어야한다.** 물론 주머니 속 소지품도 바구니에 넣어야한다.

수화물과 소지품을 바구니에 넣었다면, ❷ 그 다음으로 외투와 신발 그리고 벨트를 다른 바구니에 넣을 것을 요구한다. 이제 당신이 해야 할 일은 금속탐지기를 통과하는 것이다. ❸ 탐지기를 지나칠 때 경고음이 울린다면, 보안직원은 당신이 금속물질을 휴대하고 있는지 확인한다. 그리고 금속물질이 있다면 바구니에 넣을 것을 요구한다. ❹ 주머니에 아무것도 없는 상태에서도 다시 경고음이 울린다면, 보안직원은 당신을 한쪽으로 비켜나도록 요구할 것이다. 그런 후 휴대용 스캐너로 당신 몸을 좀 더 정밀하게 수색할 것이다. 검색대 통과상황에서 발생할 수 있는 대화는 아래와 같다. 음원을 들으며 실제로 공항 보안직원과 의사소통 하듯 대화를 확인하고 연습하도록 하자.

상황	A: 공항직원　　　　　　　　　　　　　　　　B: 승객
	1=소지품 확인, 2=복장 확인, 3=금속물질 확인, 4=몸 정밀수색
1	A: Please, put your bag and belongings in the tray. Empty all your pockets and put all the contents in the tray.
	B: Ok, sure.
2	A: Please, take off your coat, shoes, and belt, and place them in another tray. Now walk through the X-ray machine.
	B: Okay.
3	A: Do you have any keys in your pocket?
	B: Yes, I have some keys.
	A: Please, take out and put them in the tray.
	B: Yes, I will.
4	A: Do you have any metallic objects in your pockets?
	B: No, I don't have.
	A: Please, step to the side.
	B: Yes, (I will)
	A: Please, raise your hands. . . . . Okay, you're cleared to go. Here is your passport and boarding pass. Have a nice flight.
	B: Thank you. Have a nice day.

　보안검색이 끝나면 이제 출국준비가 끝난 것이다. 이제 지정된 시간에 탑승구에서 탑승하면 여행이 시작될 것이다. 출국 전에 면세점에 들러 4개의 절차적 단계에 따라 원하는 상품을 구매해 보자. 해외여행 중 새로운 친구를 만날 수 있으므로, 한국을 알릴 수 있는 간단한 기념품들을 준비해 가는 것도 좋은 생각이다.

● **기내에서(On the plane)**

　한 영화에서, 비행기 내에서 신발을 신을 수 없으니 기내에 들어가기 전 신발을 벗어야 한다는 장난스런 장면이 생각난다. 신발을 벗지 않고 기내에 들어가도, 직원들은 당신을 환영할 것이다. 기내에 들어서면 당신이 제일 먼저 해야 할 일은 당신의 좌석을 찾는 것이다. 혼자 찾을 수 없다면, 기내직원에게 도움을 청할 수 있다. 좌석을 찾은 후 당신이 해야 할 일은 당신의 수화물을 머리 위 수납공간(Overhead compartment)에 넣는 것이다. 혹시라도 수화물을 수납공간에 넣지 않았다면, 직원은 당신이 수화물을 수납공간에 넣도록 안내할 것이다. 혹시라도 수납공간에 당신의 수화물을 실을 수 있는 충분한 공간이 없다면, 기내직원에게 도움을 청할 수 있다. 비행기 탑승한 후, 당신의 좌석을 찾고 수화물에 수납공간에 넣는 상황까지 발생할 수 있는 대화상황이다. 음원을 듣고 이 상황을 영어로 의사소통할 수 있는지 확인하자.

대화 상황	A=고객　　B: 항공사 직원
좌석 확인	A: Excuse me, could you help me find my seat?
	B: Sure. Let me see your boarding pass.
	A: Here you are.
	B: I see. I will take you to your seat. Please, follow me.
수화물 수납	B: Please, put your suitcase into the overhead compartment.
	A: Would you help me find a place for my suitcase?
	B: Sure.

　　당신의 수화물을 수납공간에 넣기 전에, "입국심사서" 작성에 필요한 당신의 여권번호와 항공편 번호 그리고 목적지 주소를 다시 한 번 확인하자. 미국과 영국처럼, 여행을 목적으로 비자 없이 방문할 때는 "입국심사서"를 요구하지 않는다. 그러나 "입국심사서"를 작성할 필요가 있는 영어권 국가를 방문할 때, "입국심사서" 작성에 필요한 필기구를 미리 준비하자. 필기구가 없다면, 기내직원에게 아래와 같이 도움을 청할 수 있다.

You: Can I borrow a pen (please)?
Staff: Sure. One moment, please!

입국심사서의 양식은 나라별로 조금씩 차이가 있겠으나, 기본적인 내용은 다음과 같다.

Family (Last) Name: 성			
First (Given) Name: 이름			
Sex M☐ F☐	M = Male (남성) F = Female (여성)	Date of Birth	생년월일 월/일/년
Town (City) and Country of Birth: 출생 국가와 도시			
Nationality	국적	Occupation	직업
Contact address in 체류국가 (in full): 여행 체류 국가 주소 (상세히) 기재			
Passport No.	여권 번호	Place of issue	여권 발행지(국가)
Length of Stay in 체류국가: 여행 체류 국가 내에서의 체류 기간			
Port of last departure: 최종 출발지			
Flight number: 비행기 편명			
Signature: 서명		Date: 월 일 년	

이외에도 기내에서 발생할 수 있는 의사소통 상황은 기내에서 서비스를 이용할 때이다. 음식을 선택하고 음료를 선택하고, 화장실을 이용할 때 일 것이다. 앞 서 소개했듯이, 서비스를 이용할 때는 "원하는 서비스, please!"라고 하면 된다. 기내식을 선택하는 의사소통 상황을 예로 들어보자. 음원을 듣고 실제로 기내식을 선택하듯 대화에 참여하여 영어의사소통 연습을 하도록 하자. 긴 문장이 부담스럽다면, 유창성에 중점을 두어, 파란색 부분에 좀 더 주의를 기울여 대화를 연습하자.

상황	A: 공항직원	B: 승객
식사 선택	A: What would you like, the beef or the chicken?	
	B: I would like the chicken, please!	
	A: Would you like the pasta or the rice?	
	B: I would like the rice, please!	
음료 선택	A: What would you like to drink?	
	B: What do you have?	
	A: We have Coke, Sprite, beer, orange juice and apple juice.	
	B: I would like to drink orange juice, please!	
	A: Would you like coffee or tea?	
	B: I would like coffee, please!	

식사시간 이외에도 항공사가 제공하는 서비스는 "**원하는 서비스, please!**" 라는 표현으로 원하는 서비스를 얻을 수 있다.

상황	영어 표현
필기구가 필요할 때	Would you bring me a pen, please?
담요가 필요할 때	Would you bring me a blanket, please?

간식이 필요할 때	Would you bring me some snacks, please?
마실 물이 필요할 때	Would you bring me a glass of water, please?
와인이 필요할 때	Would you bring me a glass of wine, please?

그리고 위치를 확인할 때 사용할 수 있는 표현은, "Where is 확인하고자 하는 위치?"이다. 예를 들면, 화장실 위치를 확인하고자 한다면, 아래와 같이 질문할 수 있다.

You: (Excuse me!) Where is the bathroom (the lavatory)?

이외에도 기내에서 발생할 수 있는 의사소통상황은 기내 안내방송 상황이다. 기내에서 경험할 수 있는 안내방송을 음원을 통해 확인하자.

🎧

상황	영어 표현
안전띠 착용안내	Please, fasten your seat belt.
착석 안내	Please, stay seated.

이제 목적지 공항에 도착하였다. 당신의 수화물을 확인하고 기내직원에게 서비스에 대한 감사의 인사를 전한 후 기내에서 나와 입국심사대로 향하자.

● **입국심사 받기 (Immigration & Customs)**

입국 심사서를 요구하는 국가라면, 기내에서 작성한 입국 심사서 그리고 여권과 함께 입국 심사대(Immigration counter)로 가자. 입국 심사할 때, 직원이 어떠한 질문을 할 것인지 미리 확인하고, 질문에 대한 대답을 준비한다면 큰 어려움 없이 입국 심사를 성공적으로 마칠 수 있을 것이다. 입국 심사할 때 주의할 사항은, 직원의 질문에 간단명료하게 대답할 필요가 있다. 직원의 질문에 길게 답변하면, 당신이 무엇인가를 숨기기 위한, 정직하지 못한 변명으로 들릴 수 있다고 한다. 그리고 당신이 답변하는 정보가 기본적으로 입국 심사서의 내용과 일치해야 한다. 예를 들면, 체류기간을 3일로 기재하였는데, 5일로 대답하면 문제가 될 수 있다고 한다. 그러면 심사직원이 어떠한 질문을 할 수 있는지 그리고 그에 대한 답변은 어떻게 준비해야 하는지 살펴보자. 앞서 여러 차례 설명하였듯이, 정확성에 중점을 두든 유창성에 중점을 두든 질문에 대한 대답은 쉬울 수 있다.

직원은 우선 당신의 ❶ 출발지 또는 국적을 확인할 것이다. 그 다음으로 ❷ 당신의 직업을 확인할 수 있다. 이때 당신이 무직이라고 하더라도, "I am a businessman (businesswoman)."이라고 답변하는 것이 적절하다. 여기까지의 상황을 음원을 들으며 실제로 입국 심사를 받듯이 영어 말하기 연습을 하도록 하자.

🎧

질문	직원	방문객
출발지/ 국적 확인	Where are you coming from?	I am coming from Korea.
	Where are you from?	I am from Korea.
	What is your nationality?	My nationality is Korean.
직업 확인	What do you do for a living?	I'm a student.
	What is your occupation?	I'm a businessman(woman).

직업과 함께 일반적으로 확인하는 질문은 ❸ 입국목적이다. 이 질문에 대하여, 당신의 입국목적을 간단명료하게 대답하면 될 것이다. 이때의

상황에서 발생할 수 있는 대화는 아래와 같다. 다양한 답변에서 자신의 입국목적과 가장 유사한 답변을 중심으로, 음원을 들으며 입국심사에서 실제로 답변하듯이 연습해 보자.

직원	방문객
What is the purpose of your visit?	The purpose of my visit is for travel.
	It is for my vacation.
	It is for visit to my relatives.
	It is for business.

업무가 목적(for business)이라면, 어떤 업무인지 상세하게 설명할 필요가 있다. 예를 들면, 다음과 같은 상황이 될 수 있을 것이다. 당신의 방문목적이 업무상 방문이라면 음원을 듣고 대화상황을 연습해보자.

What is the purpose of your visit?
It is for my business. I am attending a business conference in London.
It is for my business. I am attending the trade show in New York.
It is for my business. I am supposed to meet a buyer in Sydney tomorrow.

또한 친척이나 친구를 방문한다면 두 사람의 관계를 정확하게 밝히는 것이 중요하다.

　방문 목적 다음으로 일반적으로 직원이 묻는 질문은 ❹ 체류장소와 체류기간이다. 다시 한 번 확인하자면, 당신의 체류장소와 체류기간에 대한 대답은 "입국 심사서"에 기재한 내용과 일치해야한다. 체류장소와 기간에 이어, 입국심사 직원은 당신이 소유한 현금액수를 확인할 수도 있다. 체류장소와 기간 그리고 현금보유에 관한 입국심사 상황을 음원을 들으며 확인하고, 실제로 대화에 참여하듯 연습해보자.

질문 내용	A: 직원	B: 방문객
체류 장소	A: Where will you be staying?	
	B: I will be staying at Hilton Hotel in New York.	
	A: Where will you be staying?	
	B: I will be staying at my aunt's house.	
체류 기간	A: How long will you be staying?	
	B: I am staying for five days.	
현금 보유	A: How much currency are you carrying?	
	B: I am carrying 760 dollar and 12,000 won.	

　현금 보유액에 관해 좀 더 자세하게 확인해 보자. 대부분의 나라들은 입출국할 때 휴대할 수 있는 현금의 액수를 제한한다. 그리고 그 제한 액수는

각 나라마다 다르기에, 목적지 국가를 방문하기 전에 반드시 허용 금액을 확인할 필요가 있다. 우리나라는 1만 달러 이상을 가지고 입출국하려면 반드시 세관에 신고해야한다. 미국도 1만 달러 이상을 가지고 입출국을 하려면 반드시 세관에 신고해야한다.

유럽에서의 상황은 이러하다. 유럽 연합에 가입하지 않은 국가에서 유럽 연합에 가입한 국가로 입국할 때, 1만 유로(€) 이상 그리고 이와 같은 가치의 다른 나라 화폐를 가지고 입국할 때는 반드시 세관에 신고해야 한다. 영국은 유럽연합 국가에서 입국하는 또는 출국하는 경우에는 화폐 액수에 대한 제한은 없다고 한다. 영국에서 초과 액수를 신고 없이 부적절하게 입국하면 5,000 파운드(£)의 벌금을 부과한다. 약 720만원에 해당하는 큰 액수이기에 반드시 신고할 필요가 있으며, 그에 따른 규정을 준수할 필요가 있다. 입출국할 때 휴대할 수 있는 돈의 액수를 제한하는 이유는, 돈이 범죄에 사용되는 것을 막기 위한 것이라고 한다. 가장 중요한 것은, 현금을 소화물에 보관하면 절대 안 된다는 사실이다. 현금 도난 시 다시 찾을 수 있는 방법이 없기 때문이다. 큰 액수라서 부피가 크더라도 반드시 수화물에 넣어 기내에 보관해야 한다.

현금이외에도 고가품이나 반입제한 품목을 휴대하였는지에 관해 질문할 것이다. **가공되지 않은 농수산물과 축산물은 대부분 반입금지 품목이다. 그리고 주류와 담배는 반입할 수 있는 양을 제한한다.** 이러한 반입금지 품목과 제한 품목을 휴대하였는지 확인하기 위해, 직원은 다음과 같은 질문을 할 것이다. 음원을 들으며, 실제 상황에서 어떻게 답변해야하는지 확인하도록 하자.

질문	A: 직원	B: 방문객
반입 물품	A: Do you have anything to declare? B: No, I don't have. A: Do you have any foods, meats, vegetables, alcohol, or tobacco? B: I have 10 packs of cigarettes and a whiskey.	

참고로 우리나라는 담배 10갑 그리고 주류는 1리터(또는 $400)까지 면세로 입국할 수 있다고 한다. 미국과 영국 입국 시에도 우리나라와 같은 규정을 적용한다.

무사히 입국심사를 마쳤다면 이제 당신의 소화물을 찾으러 가자. 소화물 찾는 곳(Baggage Claim)이 어디인지 모른다면, 주위에 있는 공항직원에게 도움을 받을 수 있다. 이 때 당신의 탑승권을 보여주면 친절하게 안내해 줄 것이며, 다음과 같은 대화가 오고갈 것이다. 음원을 들으며 실제로 대화에 참여하며 영어의사소통을 연습하자.

A: 공항직원	B: 여행객
A: Excuse me, where can I find the baggage claim?	
B: May I see your boarding pass?	
A: Here it is.	
B: Take the escalator to go downstairs and you can see Carousel 4	
A: Thank you!	

캐러셀(Carousel)은 짐들을 싣고 타원형으로 반복적으로 회전하는 운반 장치이다. 공항직원에게 도움을 청하는 것이 가장 빠른 방법이지만, 같은 기내에 탔던 사람을 따라가는 것도 한 방법이다.

소화물을 찾아 공항을 나가기 전에 공항직원이 소화물이 당신의 소유가 맞는지 확인할 수도 있다. 이때 소화물에 붙인 태그(Baggage Identification Tag)와 탑승권에 부착된 태그의 일부(Stub)를 대조하여 확인할 것이다. 이 모든 것이 확인이 되었다면, 당신은 이제 당신의 체류 목적지로 갈 수 있다.

> **교통편 이용하기**

모든 입국수속을 마친 공항에서 다양한 교통수단을 이용하여 체류 목적지로 갈 수 있다. 공항으로 픽업하러 오는 친척이나 친구 또는 지인이 있다면, 픽업 장소(Passenger Pickup Area)로 가면 될 것이다. 택시를 이용할 것이라면 택시 정류장, 그리고 버스를 이용한다면 버스정류장, 지하철을 이용한다면 지하철역으로 가야한다. 또는 호텔에서 제공하는 셔틀버스를 이용할 수도 있다. 어떤 교통수단을 이용하든, 교통수단 이용 장소는 서로 다르기 때문에 공항의 안내표시판을 활용할 필요가 있다. 안내표시판을 활용하더라도 복잡하고 낯선 공항환경 때문에 찾기가 쉽지 않다면, 공항직원이나 주변의 도움을 받을 수 있다.

주변 사람의 도움 받을 때, "Turn left!"은 "왼쪽으로 가세요!" "Turn right!"는 "오른쪽으로 가세요!"라는 뜻이다. "Go straight!"는 "쭉 가세요!"라는 뜻이다. "왼편에 있어요!"는 "It's on your left." 그리고 "오른편에 있어요!"는 "It's on your right."라고 표현할 수 있다. "**길 찾기**"에서 좀 더 자세히 확인하겠다. 음원을 들으며, 자신이 원하는 교통편을 탈 수 있는 정류장 위치를 확인해보자.

🎧

교통수단	A: 여행객	B: 공항직원
버스	A: Excuse me, where can I take a bus to London Hotel? B: Go to the ground floor and make a right turn, and go straight until you find the bus stop on your left.	
택시	A: Excuse me, where can I take a taxi to London Hotel? B: Go to the ground floor and turn left, and go straight until you find the taxi stop on your right.	

셔틀	A: Excuse me, where can I take the shuttle to London Hotel? B: Please, go to the ground floor and turn right, and go straight until you find Shuttle stop 8 on your left.

 교통수단을 이용하여 체류할 호텔에 도착하였다. 교통수단을 이용할 때, 확인해야 할 사항은 팁에 관한 것이다. 호텔에 택시를 타고 왔다면 택시비의 15-20%를 팁으로 준다고 한다. 예를 들면, 택시비가 10달러라면 팁은 택시비의 15-20%, 즉 1.5-2달러이기에 최종 요금은 11.5-12달러가 된다. 미터기 화면에 15-20% 사이의 팁이 계산되어 나타난다고 한다. **셔틀버스는 무료이지만, 셔틀버스기사에게 1-2달러의 팁을 주며 여러 명이 함께 탔다면 4-5달러를 팁으로 준다고 한다.** 직접 운전해서 왔고, 호텔 직원이 대신 주차(Valet parking)해 주었다면, 1-2달러를 팁으로 준다고 한다.

 택시를 타고 호텔에 도착하면 호텔직원이 택시 문을 열어 줄 것이다. 단순히 택시 문을 열어주었다고 해서 팁을 주지는 않는다고 한다. 호텔직원이 택시 문을 열어주고 당신의 가방을 대신 들어준다면 가방 한 개 당 1-2달러를 팁으로 준다. 만약 아주 무거운 가방이라면 그에 맞게 팁 액수를 올려주면 된다고 한다. 당신이 외출할 때 택시를 잡아주는 경우, 대기하고 있던 택시에게 신호만 주어 택시가 와서 당신을 태웠다면 팁을 주지 않는다고 한다. 그런데 대기하던 택시가 없어, 도로로 이동하여 택시를 잡아주었다면 보통 1-2달러 팁으로 준다. 비가 와서 우산을 쓰고 택시를 잡아주거나 우산을 들고 당신이 택시 타는 것까지 도와주었다면 팁을 좀 더 주는 것이 에티켓이라고 한다. 외출할 때마다 주기보다는 당신이 퇴실할 때 한 번에 줄 수도 있다고 한다.

자 이제 호텔에 도착한 지금, 이제 4개의 절차적 단계에 따라 호텔투숙에 필요한 의사소통을 확인하고 경험해 보자.

> 호텔 투숙하기

목표 지향적 의사소통에 따라, 호텔투숙에 앞서 호텔투숙에 필요한 것은 무엇인지 확인해보자. 호텔투숙을 체크인(Check-in)이라고 하는데, 이는 ❶ 당신의 신분을 확인하고 숙박서비스를 제공한다는 것이다. 호텔투숙뿐만 아니라, 공항에서 탑승수속을 할 때도 체크인(Check-in)이라고 하였다. 당신의 신분증(여권)을 확인하기 때문이다. 도서관에서 책을 대출할 때 체크아웃(Check-out)이라고 하는 이유도 당신의 신분을 확인하고 책을 대출해 주기 때문이다. 따라서 우선 신분을 확인하기 위해 당신의 신분증을 확인할 것이다. 신분확인 후에, 호텔직원은 또 무엇을 확인할까? 분명 ❷ 예약여부를 확인할 것이다. 그렇다면 예약확인 전자메일 또는 증빙문서를 준비할 필요가 있다. 예약확인 문서가 있다면 좀 더 빠르게 호텔투숙 절차를 마칠 수 있을 것이다. 서비스를 구매하는 4개의 절차적 단계에 따라 호텔 투숙과정을 확인하자. 실제로 호텔에 투숙하듯 음원을 들으며, 대화를 연습해 보자.

절차	A: 호텔직원	B: 고객
인사	A: Good afternoon.	B: Good afternoon.
용무 (구매)	A: How may I help you?	
	B: I would like to check in, please.	
	A: Do you have a reservation?	
	B: Yes, I do. My name is Seung Jung Kim.	
	A: Yes, I just found your reservation on the list.	
	B: Here is the confirmation email.	
	A: May I see your passport?	
	B: Here you are!	
	A: I would like you to fill out this registration form.	
	B: Sure.	
	A: Thank you. Your room number is 508. Here is your keycard.	
	B: Thanks.	
	A: Here is a list of all the hotel amenities.	
	B: Thank you again.	
	A: Do you need anything else?	
	B: No, that's all for now.	
보상	A: Enjoy staying at London Hotel.	
	B: Thank you.	
인사	A: You have a nice day!	B: Thanks. You too.

　지금까지 확인한 것처럼, 당신의 신분증(ID/Passport)과 예약확인 전자메일(Confirmation email)이 있다면 큰 어려움 없이 호텔투숙(Check-in)에 필요한 절차를 성공적으로 마칠 수 있을 것이다. 당신이 예상하지 못한 것이 있다면, 투숙확인서(Registration)를 작성하는 것이겠다. 당신의 이름과 주소 그리고 당신의 서명으로 투숙을 확인하는 절차이며, "입국 심사서"와 비교하였을 때 아주 간단한 서식이므로 어려움 없이 작성할 수 있다. 이제

호텔투숙을 마쳤으니, 호텔의 시설물을 자유롭게 사용할 수 있다. 체크인할 때 받았던 시설목록(A list of amenities)을 확인한 후 원하는 시설을 이용하자.

시설물뿐만 아니라, 호텔에 투숙하는 동안 다양한 서비스를 받을 수 있다. 서비스를 이용할 때 서비스에 대한 팁을 어느 정도 주어야 하는지 확인할 필요가 있다. 당신의 가방을 들어주는 직원에게는 가방 한 개당 1-2달러의 팁을 준다고 한다. 가방을 객실까지 들어주고, 당신을 위한 객실이 준비된 상태에서 방 시설물에 대해 자세히 설명한다면 가방을 들어 준 서비스까지 포함하여 5-10달러를 팁으로 준다고 한다.

룸서비스를 이용할 때, 룸서비스에 대한 팁은 이미 서비스가격에 포함되었다고 한다. 따라서 당신이 판단하기에 특별한 서비스가 없었다면, 따로 팁을 주지 않아도 된다. 그리고 매일 당신의 객실을 청소해주는 직원에게는, **일반호텔인 경우**, 팁으로서 하룻밤에 2-3달러를 기본적으로 준다고 한다. **호화호텔인 경우** 5달러 정도의 팁을 기본으로 준다고 한다. 또한 투숙 인원수 그리고 당신의 서비스 만족도에 따라 팁을 좀 더 줄 수 있다고도 한다. 그리고 퇴실할 때 한 번에 팁을 줄 수도 있지만, 매일 직원이 교대로 근무하기에 그날그날 보이는 곳에 팁을 두고 가는 것이 좀 더 적절하다고 한다. 또한 팁을 줄 때는 팁이라고 봉투에 써서 봉투에 담아 두거나, 팁이라고 알리는 메모를 남겨두는 것이 좋다고 한다. 만약 봉투에 넣어두지 않거나 메모를 남기지 않는다면, 직원은 당신의 돈으로 판단하기 때문에 가져가지 않는다고 한다.

이제 객실에서 내일의 여행 계획을 확인해보자. "아참! 내일 아침 깨어달라고 전화를 해야겠구나! 몇 시에 깨어달라고 하지? 아 6:30분에 깨어달라고 하자!" 아래 음원을 듣고 당신의 의사소통 목표인, 모닝콜 서비스를 요청하는 대화상황을 확인하자.

A: 호텔직원	B: 고객

A: Hello! Front desk. How may I help you?

B: I am calling from Room 508.
Would you give me a wake-up call at 6:30 tomorrow morning.

A: Sure. I would give you a wake-up call at 6:30 tomorrow morning.
Is there anything else I may help you with?

B: Yes. That will be all for now. Thank you!

오랜 시간동안 비행기를 타고 여행하여 그런지 지금 매우 피곤하다. 그리고 내일 여행의 시작을 위해 일찍 잠자리에 들기로 하였다. 내일은 즐거운 여행을 시작하는 날이다. 많은 기대를 하며 잠을 청한다.

아침식사 주문하기

주요 호텔에서는 뷔페식 아침식사를 아침 6-9시 또는 6-10시까지 제공한다. 호텔마다 아침식사 제공하는 시간이 다를 수 있으니, **투숙(Check-in)할 때 아침식사 시간을 확인**할 필요가 있다. 호텔에서 제공하는 아침식사는 빵, 머핀, 도넛, 베이글, 쿠루와상, 페이스트리와 시리얼 그리고 이러한 것들과 함께 먹을 수 있는 버터, 잼 그리고 크림치즈가 기본적으로 제공된다. 그리고 호텔에 따라 와플, 팬케이크, 그리고 프렌치토스트가 제공되기도 한다. 과일과 주스 그리고 커피와 차(tea)도 제공된다. 호텔에 따라 다음과 같은 아침식사를 제공할 수도 있다: 치즈, 소시지, 요거트, 오트밀, 계란요리(프라이 또는 스크램블드). 바쁜 아침 일정 때문에 아니면 너무 피곤해서, 식당에서 먹을 수 없다면 음식을 객실로 가져와서 원하는 시간에 먹는 것도 한 방법이다.

혹시라도 호텔에서 아침식사를 제공하지 않는다면, 아니면 호텔이 아닌 다른 숙박업소라서 아침식사가 제공되지 않는다면, 가까운 식당에서 아침식사를 즐겨보자. 식당에 가기 전에 식당에 가는 목표를 설정해 보자. "아침 식사로 무엇을 먹지? 음료수는 무엇을 선택하지? 등등" 목표를 설정하였다면, 4개의 절차적 단계에 따라 어떤 대화가 오고 갈지를 예측하고, 그 대화에 필요한 표현들을 한 번쯤 연습해 보자. 그리고 아래의 음원을 들으며 실제로 대화에 참여하자.

● 절차

절차	A: 식당직원	B: 고객
인사	A: Good morning!	B: Good morning!
	A: How many are you?	B: Two.
	A: Please, follow me!	B: Okay.
용무	A: Good morning! I will be your server.	
	B: Can I have the menu, please?	
	A: Sure. Here you are!	
	B: Thank you!	
	A: Can I get you anything to drink?	
	B: I will have a lemonade, please.	
	A: Here is your lemonade.	
	B: Thank you.	
	A: Are you ready to order?	
	B: Yes, I'd like a fried egg, a pancake, and a bacon, please.	
	A: How would you like your egg?	
	B: Sunny side up, please.	
	A: Anything else?	
	B: That's it for now.	
	A: Excellent, I will be right back.	
	B: Okay.	
	A: Here are your meals. Please, enjoy!	
	B: Thank you! .... Here!	
보상	A: Yes. How can I help you?	B: Can I have the bill, please?
	A: Sure!	B: Here is my credit card.
	A: Okay. I will be right back.	B: Thank you!
인사	A: Did you enjoy your meal?	B: Yes, I did.
	A: Please come again!	B: Have a nice day!

105

    4단계 절차적 상황을 좀 더 세세하게 살펴보자. 우리나라에서의 식당처럼, 손님이 식당에 들어서면 손님에게 인사를 할 것이다. 그리고 그 다음 질문은, "몇 분이세요?"라며 동반인원을 확인한다. 그러면 "두 명이요."라고 답할 것이다. 식당직원이 동반인원을 확인하지 않는다면, 손님이 먼저 "두 명이요!"라고 얘기하는 것처럼, 영어로는 "Can I have a table for two?" 또는 서비스를 구매하는 것이기에 간단하게, "A table for two, please!"라고 하면 될 것이다.

    동반인원을 확인하면 식당직원은 "이쪽으로 오세요!"라고 할 것이다. 이때 당신이 들을 영어표현은 "Come this way, please!" 또는 "Follow me, please!"일 것이다. 이외에도 "식탁으로 안내해 드릴게요!"라는 의미의 "I will show you to a table." 또는 "I will take you to a table."이라는 표현을 듣게 될 것이다. 안내를 받아 탁자로 가는 도중에, 위치나 전망이 좋은 탁자가 맘에 들어, 앉고 싶다면 "May I sit at this table?"라는 질문으로 확인할 수 있다.

    자리에 앉으면, 당신은 메뉴를 요구할 것이고, 메뉴가 식탁에 준비되어있다면 잠시 메뉴를 볼 시간을 가질 것이다. 우리나라 일반식당에서 성인 고객에게는 음료보다는 주류 선택을 확인하는 것이 일반적인데,

해외여행 중에 경험하는 식당은 음료선택에 대한 질문을 주로 들을 것이다: "Can I get you anything to drink?" 또는 "What would you like to drink?" 아니면 "Would you like anything to drink?"라는 질문을 들을 것이다. 그냥 간단히, "Anything to drink?"라는 간략한 질문으로도 들을 수 있다. 공통적으로 "drink"라는 단어가 포함되기에 듣기능력이 충분하지 않더라도, 음료선택에 관한 질문이라는 것을 알 수 있다.

주문 요구에 대한 답변으로, 서비스가 포함된 상품을 구매하는 것이기에, 당신은 "원하는 음료, please!"라고 하면 된다. 예를 들면, "A bottled water, please!" 또는 "Just water, please!" 아니면 "Orange juice, please!"라고 하면 된다. "병 포장된(bottled)" 물은 유료이니까 값을 확인하고 결정할 필요가 있다. 음료에 얼음을 원하면, "With ice, please!"라고 하며 원하지 않으면, "Without ice, please!"라고 할 수 있다. 아니면 간단하게, "Ice, please," 원치 않으면 "No ice, please."라고 하면 된다.

음료를 갖다 주고 메뉴를 확인한 시간이 충분하다고 생각될 때, 식당직원은 당신의 식탁으로 와서 주문을 받는다. 이때, "Are you ready to order?" 또는 "Can(May) I take your order?"라고 할 것이다. 또는 간단하게 "Order, please!"라고 할 수도 있다. 어떠한 표현이든 공통적으로 단어 "order"가 포함되기에 듣기능력이 충분하지 않더라도 주문에 관한 질문이라는 것을 당신은 알 수 있을 것이다.

주문할 때, "I would like to have 원하는 메뉴" 또는 좀 더 간단하게 "I would like 원하는 메뉴"라고 할 수도 있고, 아니면 "I will have 원하는 메뉴"라고 할 수도 있다. 서비스가 포함된 구매이기에 단순하게 "원하는 메뉴, please!"라고 할 수 있다. 아니면, 손가락으로 메뉴판에 있는 음식이름을 가리키며, "This one, please!"라고 하면 된다. 아직 메뉴를 결정하지 않았다면, "I am not ready yet!" 또는 간단히 "Not yet!"이라고 하면 될 것이다. 음식에 어떠한 식재료가 들어갔는지 궁금하다면, "What is in 선택한 메뉴?"라고 하면 된다. 이러한 질문은 특정 음식(재료)에 알레르기가 있는 사람에게는 중요한 질문이다. 혹시라도 알레르기가 있는 음식이 있다면 다음과 같이 알려주면 된다: "I am allergic to nuts (seafood/peach)." 또는 간단히 "I can't eat nuts (seafood/peach)."라고 하면 된다.

아침식사로 계란요리를 선택하였다면, 식당직원은 "How would like your egg(s)?"라고 질문할 것이다. 계란요리는 "프라이" 그리고 "스크램블드" 중에 선택할 수 있다. "스크램블드"는 계란말이를 할 때 이리저리 휘저어서 만들었다고 생각하면 될 것이다. 그리고 계란 프라이는 흰자위만 익히고 뒤집지 않은 상태(Sunny side up), 계란 흰자위만 익히고 뒤집었지만 여전히 노른자위를 익히지 않은 상태(Over easy), 뒤집어서 노른자위를 1-2분 정도 익힌 상태(Over-medium), 그리고 뒤집어서 노른자위를 충분히 익힌 상태(Over-well/hard)가 있다. 따라서 "원하는 선택, please!"라고 하면 당신이 원하는 계란 요리를 선택할 수 있다.

당신이 식사를 즐기는 동안 식당직원은 가끔씩 당신 식탁에 들러 모든 것이 만족한지를 확인할 것이다: "Is everything okay(fine/all right)?" 필요한 것이 없다면, "Yes, it is."라고 하면 된다. 혹시라도 필요한 것이 있다면, 서비스를 구매하는 것이기에 "원하는 것, please!"라고 하면 된다. 예를 들면, "More napkins, please," "More water, please," "More coffee, please!"와 같이 요구할 수 있다. 혹시라도 필요한 것이 있는데, 식당직원이 식탁 주변에 없다면 손을 들어 식당직원의 시선을 끌면 된다.

아침식사를 마친 후 이제 음식 값을 계산할 차례이다(보상). 손을 들어 식당직원을 호출한다. 그러면 아래와 같은 대화가 오고 갈 것이다. 음원을 들으며, 식당 직원에게 계산서를 청구해보자.

🎧

A: 식당 직원	B: 고객
A: What can I do for you?	
B: Bring me the check, please!	
A: Yes, I will get it for you. How would you like to pay, cash or card?	
B: I would like to pay by card, please.	

손님이 호출하기 전에, 식당직원이 상황을 판단하고 계산서가 필요한지를 물을 수 있다. 아래와 같이 다양한 표현으로 계산서가 필요한지를 확인할 수도 있다. 어떠한 표현이든 공통적으로 단어 "bill 또는 check"이 포함되기에 듣기능력이 충분하지 않더라도 계산서에 관한 질문이라는 것을 알 수 있다. 음원을 들으며, 식당 직원이 손님에게 계산할 준비가 되었는지를 영어로 어떻게 묻는지를 이해하도록 하자.

🎧
Can I get you anything else, or are you ready for the check?
Are you ready to pay?
Should I get you the check?

음식 값 이외에 보상해야하는 것은 팁이다. 우리나라하고는 다르게 많은 영어권 국가에서는 서비스를 제공하는 직원에게 팁을 주는 문화가 있다. 팁은 음식 값의 15-20%를 줄 수 있다고 한다. 또는 음식 값에 세금이 포함된 최종 음식 값의 15-20%를 준다. 우리나라와는 다르게, 음식 값에 세금을 부과한 것이 손님이 지불해야하는 최종 음식 값이다. 15%는 최소의 팁이며 직원 서비스가 만족스럽지 못할 때, 18%는 적당한 팁이다. 20%는 서비스가 만족스러울 때 줄 수 있다. 일부 식당에서는 음식 값에 세금 그리고 팁까지 포함해서 청구한다. 계산서에 "Gratuity included"이라는 문구가 적혀있다면, 팁이 포함된 가격이다. 잔돈이 없거나 팁을 계산하기가 쉽지 않다면, 주고 싶은 팁을 계산서에 포함해달라고 다음과 같이 요구할 수 있다: "Please, add a 20%(15%/18%) tip to the bill (check)."

음식 값을 지불하고(보상), 이제 마지막 절차인 인사를 하고 식당 문을 나서자. 간단히 "See you!" 또는 "(Good) bye!"라고 할 수 있고, 아니면 "Have a nice day!"라고 할 수 있다. 그러면, 식당직원은 "Have a nice day!" 또는 "See you again!"이라고 할 것이다. 아니면, "또 오세요: Please, come again!"이라고도 할 수 있고, 아침이니까 "Enjoy the rest of your day!"라고 인사할 수도 있다.

길 찾기

아침식사를 마치고, 이제 하루의 여행을 시작하자. 오늘 오전은 호텔 주변지역을 다녀봐야겠다. 번화가에 위치한 호텔 주변지역에 볼거리와 먹을거리가 참으로 많을 것이다. 그런데 **익숙한 장소를 벗어나는 것이 왠지 두렵다.** 여행 중에 낯선 곳에서 길을 잃을 수 있다는 사실 때문이다. 이러한 두려움을 떨쳐내기 위해서는, **익숙한 장소에서 낯선 길을 걸어 다음 목적지로 갈 수 있고, 또는 낯선 곳에서 다시 익숙한 곳을 찾아올 수 있어야 한다.** 이러한 상황에서, 길을 묻고 안내에 따라 목적지를 찾아갈 수 있다면, 길을 잃을 수 있다는 두려움 없이, 여행을 훨씬 더 즐길 수 있을 것이다. 먼저 한국에서 길을 묻는 외국인 방문객이 있다면 당신은 어떻게 도움을 줄 수 있는지 지도를 보며 확인해 보자.

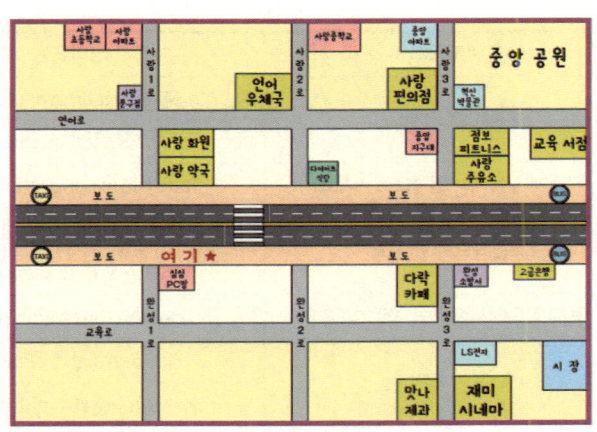

사례	A: 외국인	B: 내국인(한국인)
1	A: 실례합니다. 편의점이 어디 있어요? B: 길을 건너셔서 오른쪽으로 가세요. 그리고 주유소에서 왼쪽으로 가세요. 그리고 쭉 올라가시면 중앙지구대 맞은편에 있어요.	
2	A: 실례합니다. 이 근처에 화원이 있나요? B: 길을 건너셔서 왼쪽으로 가세요. 그리고 사랑약국에서 오른쪽으로 가시면 골목 끝에 있어요.	
3	A: 실례합니다. 재미시네마가 어디 있어요? B: 이 길을 따라 쭉 올라가세요. 그리고 다락카페에서 오른쪽으로 가세요. 2골목 올라가시면 왼쪽 맞은편에 재미시네마가 보여요.	

위의 세 사례들을 영어로 설명할 수 있는지 확인하도록 하자. 영어로 방향을 설명할 수 있는가? 영어로 방향을 설명할 수 있다면, 방향을 듣고 이해할 수도 있을 것이다. 방향설명이 아직 익숙하지 않다면, 우선 영어로 방향전환을 어떻게 설명하는지 확인하자. "왼쪽으로 가세요!"는 영어로 어떻게 표현할 수 있을까? "오른쪽으로 가세요!"는 영어로 어떻게 표현할 수 있을까? 다음은 방향에 관련된 영어표현들이다. 한국을 방문한 외국 손님에게 실제로 영어로 안내한다는 생각으로 음원을 들으며 함께 따라 해보자.

방향	우리말	영어표현
왼쪽	왼쪽으로 가세요!	Make a left turn, please!
		Turn left, please!
	두 번째 골목에서 왼쪽으로 가세요!	Take the second left, please!
오른쪽	오른쪽으로 가세요!	Make a right turn, please!
		Turn right, please!
	셋 째 골목에서 오른쪽으로 가세요!	Take the third right, please!
직진	쭉 가세요!	Go straight, please!
		Keep going straight, please!
	두 블록 가세요!	Go straight for two blocks, please!
	100 미터 가세요!	Go straight for 100 meters!
	거리를 따라 쭉 가세요!	Go down the street, please!
		Go up the street, please!
건너다	길을 건너세요!	Cross the street!
		Cross the road!

왼쪽 또는 오른쪽으로 방향전환을 알려줄 때 사용하는 단어는 "turn"이다. 상대방이 알려주는 방향을 이해할 때는 두 표현 모두 이해할 필요가 있지만, 방향을 알려줄 때는 간단한 표현 "Turn left(right), please!"만

알고 있으면 된다. 단어 "take"를 이용하여, "두 번째(셋 째) 골목에서 왼쪽(오른쪽)으로 가세요!"라는 표현으로 간결하게 설명할 수 있다. 직진을 설명할 수 있는 표현은 기본적으로 "Go straight"이다. 어느 정도를 걸어야 하는지는 "for 걷는 길이(거리)"를 사용한다. 예를 들면, "Go straight for two blocks, please!"라는 표현은 "두 블록을 직진하세요!"라는 표현이다. 단어 "Block"은 네 면이 도로로 둘러싸인 거주구역이며, 길이로는 50야드(yard), 약 45미터라고 한다. "Go straight for two blocks, please!"라고 한다면 "약 90미터를 직진하세요!"라는 의미이다. 우리가 익숙한 표현으로 "Go straight for 100 meters, please!"라고도 할 수 있다.

직진에 관련된 또 다른 표현은 "Go down/up the street."이다. 어느 표현을 사용하더라도 의미에는 변화가 없지만, 좀 더 자주 사용하는 표현은 "Go down the street, please!"라고 한다. 특별히 구별해서 사용할 때는, 언덕길처럼 오르막인지 내리막인지가 분명할 때이다. 또는 주소지가 내림차순이면(큰 수에서 작은 수로 바뀐다) "Go down the street, please!"이고, 오름차순이면 "Go up the street, please!"라고 한다. 평지일 때 "Go up the street, please!"라고 상대방이 설명하였다면, 주소지가 작은 번지수에서 큰 번지수로 찾아가는 것이라는 의미이다. 방향전환을 의미하는 이 교재의 마지막 표현은 "길을 건너세요!"라는 의미의 "Cross the street (road), please!"이다.

방향전환을 얘기할 때, 우리는 기준점을 말해줄 필요가 있다. 예를 들면, 상대방이 "좌회전 하세요!"라고 안내한다면, 당신은 "어디서 좌회전 해야죠?"라고 되물을 것이다. 그러면 "주유소에서 좌회전 하세요!" 또는 "제과점 앞에서 좌회전하세요!"라고 안내할 것이다. 물론 이외에도 다양한 기준점에서 방향전환을 하라는 안내를 할 수 있고 받을 수도 있다.

우리말에서 기준(지)점을 말할 때 가장 기본적인 표현은 "~에서"일 것이다. 우리말 "~에서"와 같은 영어표현은 "at 기준(지)점"이다. 상대방의 안내하는 말이 빨라 듣고 이해하기가 어렵다면, "Could you speak slower?"라고 할 수 있다. 방향을 안내하는 영어표현을 이해하고 표현할 수 있도록 음원을 들으며 함께 따라 해보자.

🎧

at	Please, turn right at the gas station!
	주유소에서 우회전 하세요!
	Please, turn left at the bank!
	은행에서 좌회전하세요!
	Please, cross the road at the cafe!
	카페에서 길을 건너세요!
at the end of	Please, turn left at the end of this street!
	거리 끝에서 좌회전 하세요!
	Please, turn right at the end of Fifth Avenue!
	5번가 끝에서 우회전 하세요
at the corner of	Please, turn right at the corner of this block!!
	이 블록 골목에서 우회전 하세요!
	Please, turn left at the corner of High Street and Lane Avenue!
	하이 스트리트와 레인 가 골목에서 좌회전 하세요!

위에서 소개한 것처럼, 방향전환을 설명하기 위한, 기준(지)점은 전치사 at를 사용한다. 특정장소가 아니고, 좀 더 넓은 지역을 포괄할 때는 전치사구 "at the end of" 또는 "at the corner of" 활용할 수 있다. 두 거리가 만나는 지점을 "at the corner of A and B"로 설명하는 표현도 다시 한 번 확인하자.

목적지까지 오는 과정을 안내하였다면, 이제 목적지가 어디에 위치해 있는지를 안내할 것이다. 그 목적지가 왼편에서 또는 오른편에서 찾을 수 있는지 알려준다. 목적지가 건물 안쪽에 있는지 또는 특정 건물 앞에 있는지, 뒤편에 있는지 아니면 옆에 있는지 알려줄 것이다. 쉽게 찾을 수 없는 목적지라면, 쉽게 찾을 수 있는 장소를 중심으로 설명할 수도 있다. "우체국 지나서 있어요!: It is past the post office!" "우체국 근처에 있어요!: It is near the post office!" "우체국 맞은편에 있어요!: It is across from the post office!"가 좋은 예들이다. 음원을 들으며, 목적지 위치를 알려주는 영어표현을 확인해보자.

🎧

	우리말	영어
on	Ohio Avenue 상에 있어요!	It's on Ohio Avenue.
on	오른쪽(편)에 있어요!	You can find it on your right.
on	왼쪽(편)에 있어요!	It is on your left.
in	우체국은 건물 안에 있어요!	The post office is in the building.
in front of	버스정류장은 은행 앞에 있어요!	The bus stop is in front of the bank!
behind	한국식당은 은행 뒤편에 있어요!	The Korean restaurant is behind the bank.
next to	화원은 카페 옆에 있어요!	The flower shop is next to the cafe!
by	카페는 제과점 옆에 있어요!	The cafe is by the bakery!
between	카페는 화원과 제과점 사이에 있어요!	The cafe is between the flower shop and the bakery.
past	화원은 우체국 지나서 있어요!	The flower shop is past the post office.
near	제과점은 우체국 근처에 있어요!	You can find the bakery near the post office!
across from	영화관은 우체국 맞은편에 있어요!	The movie theater is across from the post office!

지금까지 목적지 방향과 위치를 안내하는 방법을 확인하였다. 이제 "원하는 장소"의 위치를 어떻게 물을 수 있는지 확인하자. 방향을 묻기 전에 상대방의 주의를 끌기 위해서 "Excuse me! (실례합니다)"라고 먼저 말을 하는 것이 예의이다. 그리고 상대방이 영어를 말할 수 있는지 확인하기 위한 표현으로는, "Do you speak English?"가 있다.

방향을 물을 수 있는 가장 간단한 방법은 "Where is 원하는 장소?"이다. 예를 들면, 원하는 장소가 카페라면, "Where is a cafe around here?"라고 할 수 있고, 박물관을 찾는다면 "Where is the museum?"라고 할 수 있다. 부정관사 "a/an"는 여러 개 중 하나라는 의미로서 사용되고, 정관사 "the"는 "특정적인 것" 또는 "유일한 것"을 나타낼 때 사용한다. 주변지역에 카페가 하나 밖에 없다고 믿는다면, 카페 앞에 정관사 "the"를 사용하여, "Where is the cafe?"가 맞는 것이다. 카페가 여러 개가 있을 것이고 그 중 하나를 의미한다면, 부정관사 "a/an"을 사용하는 것이 좀 더 적절한 표현이다. 주변지역에 박물관이 많지 않고, 유일한 것이라고 믿는다면, "Where is the museum?"이라는 표현이 좀 더 적절하다.

"원하는 장소"의 위치를 물을 때, 상대방과 대화의 책임을 공유한다면, "원하는 장소?"라는 표현만으로 충분히 도움을 받을 수 있을 것이다. 예를 들면, 당신이 거리를 걷고 있는데 지나가던 외국인이 "우체국?"이라고 말하면 당신은 외국인의 질문을 어떻게 이해하겠는가? 당신은 외국인이 우체국으로 가는 방향을 묻는 것이라고 이해할 것이다. 같은 맥락으로, 여행 중에 "Post office?"라고 현지인에게 묻는다면, 현지인도 당신과 똑같이 이해할 것이다. "Post office?"라고 물었는데도, 현지인이 이해하지 못했다면, 질문을 이해시키기 위해 당신이 필요한 단어는 "Where?"이다. 이와 같은 방식은 "영어 말하기 능력 8시간 완성방법 - 영어학습자용"편에서 설명한 것처럼,

전하고자 하는 정보를 나누어 전달하는 방식이며, 정보를 나누어 전달하면 훨씬 더 쉬운 의사소통이 될 것이다.

영어말하기에 자신감이 생겼다면, 좀 더 정중하게 길 찾기 도움을 요청하자. 방법으로는 간접의문문을 이용하는 것이다 예를 들면, 위의 "Where is the post office?"를 정중하게 묻고자한다면, "Would you tell me where the post office is?"라고 할 수 있다. 단어 "Would"를 대신하여 단어 "Could"를 사용할 수 있다. 정황상(어린아이 또는 관계) 정중함을 낮추고 싶다면, 단어 "Could" 대신에 "Can," 단어 "Would" 대신에 "Will"을 사용할 수 있다. 과거시제가 정중한 표현인 이유는 상대방에게 격(거리감)을 두기 때문이다. 친구사이에는 격을 두지 않기에 편안하게 도움을 청할 수 있지만, 낯선 사람에게는 격을 두어 상대방을 존중하자는 의미이다. 그리고 간접의문문으로 만들 때 의문사 다음의 문장은 평서문 "주어 + 동사"의 어순으로 바뀐다는 사실을 유의할 필요가 있다.

(목적지)방향을 묻는 또 다른 표현은, "Where can I find 원하는 목적지?"이다. 목적지가 "우체국(the post office)"라면, 다음과 같이 방향을 물을 수 있다는 것이다: "Where can I find the post office?" 이전 표현 "Where is the post office?"처럼 정중하게 도움을 요청할 때는 간접의문문을 이용할

수 있다.

길 찾기 도움을 청할 때 필요한 또 다른 쉬운 표현은 "I am looking for 원하는 장소."이다. 또는 "I am trying to find 원하는 장소."이다. 주변지역을 강조하기 위해, "around here," "near here," 또는 "nearby"를 사용할 수 있다. 예를 들면, "I am looking for a cafe around here." "I'm looking for a cafe near here." 또는 "I am trying to find a nearby cafe."라고 할 수 있다. 이 밖에도 "Is there a cafe nearby?"도 쉽게 활용할 수 있는 표현이다. 정중하게 도움을 청하고자 한다면, "Do you know if there is a cafe around here?"라고도 할 수 있다. 음원을 들으며, 좀 더 정중하게 목적지 방향과 위치를 묻는 영어표현들을 이해하고 실제로 표현해 보자.

Would you tell me where the post office is?
Could you tell me where the post office is?
Will you tell me where the post office is?
Can you tell me where the post office is?
Do you know where the post office is?
Would you tell me where I can find the post office?
Can you tell me where I can find the post office?
I am looking for a cafe around here.
I am trying to find a nearby cafe.
Is there a cafe nearby?

지금까지 길 찾기 도움을 요청할 때 필요한 다양한 표현들을 확인하였다. 길을 물을 때는, 자신이 쉽게 표현할 수 있는 하나의 표현만으로도 충분할 것이다. 그러나 상대방에게 도움을 받기 위해서는, 다양한 표현을 이해할 수 있는 영어능력이 필요하다. 따라서 영어능력 발달단계에 따라, 자신이 쉽게 활용할 수 있는 표현으로 시작하여, 점차 다양한 표현들을 이해하고 습득할 필요가 있다. 아래 지도와 함께, 길 찾기 도움을 받을 때, 상대방의 설명을 이해할 수 있는지 확인하자. 그런 후 도움을 청하는 방문객에게 길 찾기 도움을 줄 수 있는지도 확인하자.

먼저 한국을 방문한 외국인에게 길 찾기 도움을 주기이다. 세 사례에서 대화를 듣고 목적지가 어디인지를 확인하여, 빈칸을 채우자. 그런 후 빈칸이 채워진 문장으로 도움 요청을 받았다고 가정하고, 실제로 목적지를 안내하는 것처럼 발음해 보자. 전체 대화 내용의 원고(Script)는 부록에서 확인할 수 있다.

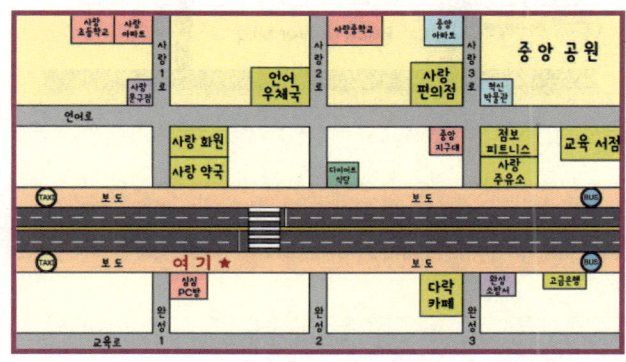

🎧

사례	목적지
1	Excuse me, where is _____?
2	Excuse me, would you tell me where _____ is?
3	Excuse me, do you know if there is _____ around here?

이번에는 영어권 국가를 여행하는 도중에 도움을 요청하는 역할을 해보자. 우선 지도를 보고 목적지들을 영어로 안내할 수 있는지 확인해보자. 그런 후, 영어 원어민의 영어 안내 음원을 듣고 자신이 안내한 내용과 비교해보자. 안내하는 방법은 다양하다. 예를 들면, 직진을 먼저 안내하고, 오른편(왼편)으로의 방향전환을 요구할 수 있고, 또는 그 반대의 순서대로 안내할 수 있다. 전체 대화 내용의 원고(Script)는 부록에서 확인할 수 있다.

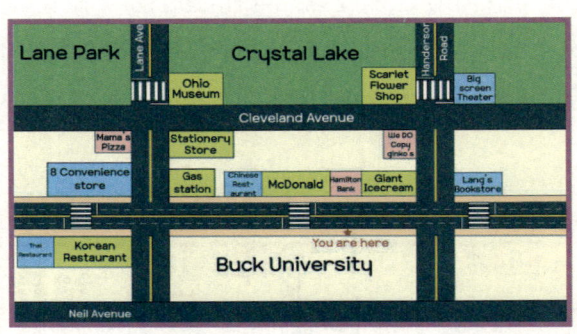

사례	목적지
1	Excuse me, I'm trying to find a flower shop around here.
2	Excuse me. Do you know where I can find a convenience store?
3	Excuse me. Could you tell me where the museum is?

교통수단 이용하기

이제 길을 잃을 걱정이 없는, 당신은 자유롭게 어디든 갈 수 있을 것이다. 주변지역뿐만 아니라, 멀리 떨어진 낯선 곳 어디든 갈 수 있고, 먼 낯선 곳에서 다시 원하는 곳으로 찾아올 수도 있다. 오늘 오전에 박물관에 가려고 했는데,

호텔에서 걸어가기에는 너무 멀리 있어, 대중교통수단을 이용해야만 한다. 대중교통수단을 이용하기 위해, 우선 교통수단을 이용할 수 있는 정류장(역) 위치를 확인할 필요가 있다. 혹시 정류장 위치를 모른다면, 길 찾기에서 확인했던 방법으로 주변사람의 도움으로 정류장 위치를 확인하자. 앞서 설명한 것처럼, 자신의 영어발달단계에 따라, 간단하게 "Where is 원하는 장소?"라는 표현을 사용할 수도 있고, 상황에 따라 정중하게 질문할 때는 "Would you tell me where 원하는 장소 is?"라는 표현을 사용할 수도 있다. 음원을 들으며 확인하자.

교통수단	표현
택시	Excuse me! Where is the taxi stop?
	Excuse me! Do you know where I can take a taxi?
버스	Excuse me! Would you tell me where I can take a bus?
	Excuse me! Where is the bus stop?
지하철	Excuse me! Could you tell me where I can take a subway?
	Excuse me! How can I get to the subway station?

교통수단을 이용할 수 있는 정류장에 도착하였다면, 교통서비스를 이용할 수 있다. 4개의 절차적 단계에 따라 교통서비스를 구매하자.

절차	교통수단	표현
인사	공통	Good morning! (Afternoon/Evening)/How are you?
구매	택시	목적지, please!
	버스	Is this (bus) for 목적지? 또는 Is this to 목적지?
	지하철	(주변사람에게 확인) Is this for 목적지? 또는 Is this to 목적지?
보상	택시	How much should I pay?
	버스	*How much is the fare for 목적지?
	지하철	(역무원에게 확인) +How much is the fare for 목적지?
인사	공통	(Good) bye/See you/Have a good day!

목적지로 가는 교통수단이 맞는지 확인하기 위해, "Is this (교통수단) for 목적지?" 또는 "Is this (교통수단) to 목적지?"라는 표현을 활용할 수 있다. 전치사 "to + 목적지"를 사용하는 것은 목적지(장소)를 강조하는 것이며, 전치사 "for + 목적지"를 사용하는 것은 목적지(방향)를 강조한 것이다. 좀 더 구체적으로, "Is this (bus) to the city hall?"라는 표현은 "시청 가나요?"라는 의미이다. 반면, "Is this (bus) for the city hall?"라는 표현은 "시청방향으로 가나요?"라는 뜻이다.

*버스 요금과 관련해서, 나라마다 버스요금 액수와 지불방식이 다르다. 예를 들면, 미국(뉴욕)은 $2.75(약 3,320원), 영국(런던)은 £1.50(약 2190원), 호주(시드니)는 기본 $2.60(2.120원), 캐나다(빅토리아)는 $5(약 4,530), 그리고 뉴질랜드는 $1.80(약 1,385원)이다. 같은 나라에서도 도시마다 버스요금은 다르다. 예를 들면, 미국 뉴욕은 $2.75이지만 오하이오 주 콜럼버스는 기본 $2(약 2,410원)이다. 또한 오스트레일리아 같은 경우는 주행거리에 따라 요금이 달라진다. 주행거리에 따라 요금이 달라지므로, "How much is the fare for 목적지?"라는 표현을 가장 유용하게 활용할 수 있을 것이다.

지불방식은 현금 또는 버스승차권(Pass/Card)을 사용할 수 있는 국가와 도시가 있고, 승차권으로만 버스를 이용할 수 있는 국가와 도시가 있다. 버스승차권을 이용하면 할인혜택을 받을 수 있지만, 초기 구매비용이 발생할 수 있다는 단점이 있다. 여행지 도시 체류기간을 고려하여, 현금이 실용적인지 아니면 승차권(통행권)을 구매하는 것이 좀 더 실용적인지 결정할 필요가 있다.

대중교통을 이용할 때, 목적지까지 가기위해 특정 정류장 또는 역에서 갈아탈 필요가 있는 경우가 있다. 이때의 상황이 대중교통보다는 택시를 이용하고 싶은 유혹이 가장 클 때이다. 그러면 갈아타는 상황에서 어떻게 성공적으로 목적지까지 갈 수 있는지 확인해보자. 갈아타는 것은 타고 내리고, 타고 내리고를 반복하면 되는 것이다. 어디서 내려야 하는지는, "Where should I get off?" 또는 좀 더 정중하게, "Please, tell me where I should get off."라고 요청할 수 있다. 갈아타는 곳은 일반적으로 내리는 곳이기에, 갈아타는 곳만 얘기한다면, 간결한 안내가 될 것이다. 예를 들면, 지하철 분당선 모란역에서 서울역으로 가려면 적어도 두 번의 노선을 갈아타야 한다. 그러면 다음과 같이 안내할 수 있다. 예시 1은 내리는 곳도 안내한 것이고, 예시 2는 내리는 곳을 생략하고 갈아타는 곳만 안내하는 상황이다.

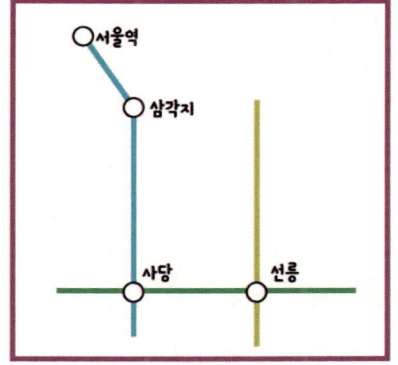

예시1

"분당선을 타셔서 선릉역에서 내리세요. 그리고 선릉역에서 2호선으로 갈아타셔서 사당역에서 내리세요. 그런 후 사당역에서 4호선으로 갈아타시고, 서울역에서 내리세요."

예시2

"분당선을 타세요. 그리고 선릉역에서 2호선으로 갈아타셔요. 그리고 사당역에서 4호선으로 갈아타시고, 서울역에서 내리세요."

위의 예시2를 이용하여 한국을 방문한 외국인을 안내한다면 아래와 같은 대화상황이 발생할 수 있을 것이다. 음원을 듣고 실제로 외국인에게 길을 안내한다는 생각으로 대화에 참여하자.

절차	A: 외국인	B: 내국인(한국인)
인사	A: Excuse me!	
	B: Sure!	
구매	A: How can I get to Seoul Station?	
	B: Take Bundang line to Seolleung Station, and take the Green line to Sadang Station. Then change to the blue line heading to Seoul Station.	
보상	A: Thank you very much!	
	B: Sure!	
인사	A: Have a nice day!	
	B: Have a good day!	

지금까지의 내용을 정리한다면, 버스 또는 지하철을 이용하여 목적지까지 가기위해 갈아타는 상황에서 다음과 같은 대화가 발생할 수 있을 것이다. 다시 한 번 확인하자면, 전철역 위치를 모른다면, "길 찾기"에 필요한 대화를 다시 한 번 확인하자. 당신은 현재 "**록펠러 센터(Rockefeller Center)**"에 있으며, 목적지는 "**자유의 여신상(the Statue of Liberty)**"이다. 이와 같은 대화상황을 4개의 절차적 단계에 따라 음원을 들으며 함께 대화에 참여하듯 영어 말하기 연습을 하자.

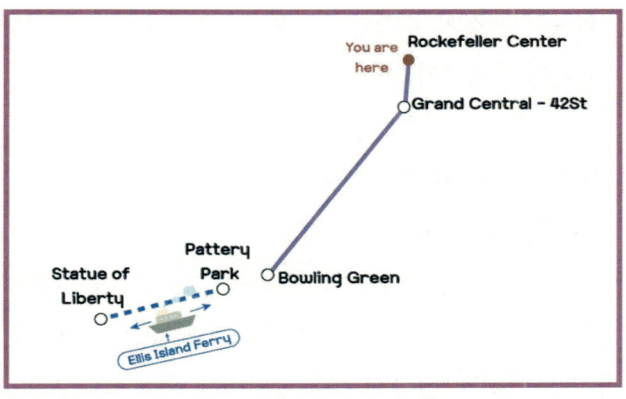

● 절차

🎧

절차	A: 여행객	B: 현지인
인사	A: Excuse me!	
	B: Sure! How can I help you?	
구매	A: How can I get to the Statue of Liberty by subway?	
	B: Go to Grand Central Station, and take the train to get to Bowling Green Station. Get off at Bowling Green Station. Then go to Battery Park, and take the Ellis Island Ferry to the Statue of Liberty.	
보상	A: Thank you very much!	
	B: Sure!	
인사	A: Have a nice day!	
	B: Have a nice trip!	

　마지막으로 교통수단과 관련하여 발생할 수 있는 대화상황은 승용차를 임대할 때(Rent a car)이다. 대중교통 대신에 자가용을 이용하면, 그에 따른 장단점이 분명히 있을 것이다. 자가용을 이용하는 가장 기본적인 이유는 편리함이라는 장점 때문일 것이다. 그러나 도로교통상황에 따라 교통체증으로 인한 시간낭비를 할 수 있고, 주차공간과 주차비용으로 예상치 않게 여행비용의 상승을 가져올 수 있다. 여러 상황들을 종합하여,

대중교통을 이용하는 것이 올바른 결정인지, 아니면 차량을 임대하는 것이 옳은 결정이지 판단할 필요가 있다.

당신의 결정이 차량을 임대하는 것이라면, 목표 지향적 의사소통에 바탕을 두어 차량을 임대하자. **목표 지향적 의사소통에 따라, 차량을 임대하기 전 차량임대에 필요한 것은 무엇인지 확인해보자. 먼저 차량을 임대하기 위해서는 "(국제)운전면허증"과 신용카드가 필요**하다. 그 다음으로 차량임대를 위해 어떠한 대화가 오고갈지 생각해보자. **예약여부, 언제 임대할 것인지, 그리고 차량 크기와 임대기간**일 것이다. 그리고 차량을 운전할 때 보험이 필요하므로, **보험구매 여부, 그리고 쿠폰이나 할인카드가 있는지도 대화 내용**에 포함될 수 있다.

우선 차량크기는 나라마다 다를 수 있다. 미국을 예로 들면, 작은 사이즈인 콤팩트에서 중간크기(Mid-size/Intermediate/Standard), 그리고 풀사이즈(Full size)까지 다양하다. 같은 사이즈라고 하더라도 고급형(Luxury)이 있을 수 있다. 영국도 미니 사이즈(Mini size), 콤팩트 사이즈로부터 중간크기, 그리고 라지(Large) 사이즈까지 다양하다. 일반형이 있고 고급형(Premium)이 있으니, 예산과 동반인원 그리고 자신의 필요에 따라(예: 휴대하는 짐) 현명하게 선택하면 된다. 차종에 따라 임대할 수도 있는데, 스포츠 유틸리티 차량(SUV), 픽업트럭, 그리고 미니밴(Minivan) 또는 동반인원이 많으면 미니버스(Minibus)를 임대할 수도 있다. 렌터카 회사마다 선택할 수 있는 차량 사이즈 그리고 차종이 다양할 수 있으니, 예약하거나 임대할 때, 원하는 차량사이즈를 미리 확인하는 것이 필요하다.

임대차량을 선택하였다면, **임대하는 날짜와 반환하는 날짜를 선택해야한다**. 필요한 요일에 차량을 임대를 못할 수도 있으니, 인터넷 사이트를 이용해서 또는 전화상으로 방문 전에 예약하는 것이 현명한 선택이다. 미국의 경우는 주말보다는 주중에 임대료가 더 비싸다. 이러한 이유는 맞벌이 부부가 많은 미국에서 주중에는 차를 임대하고, 주말에는 임대차량을 반환하고 한 대의 가족차량을 이용하기에, 주말보다는 수요가 많은 주중에 임대료가 더 비싸다고 들었다. 그리고 1주일 이상 차량을 임대하면 할인혜택을 받을 수 있다. 임대할 때 차량을 가져가는 곳(Pick-up locations)과 차량을 반환하는 곳(Drop-off)을 확인하며, 두 곳이 다를 수도 있다. 예를 들면, 서울에서 임대차량을 가져가고 부산에서 차량을 반납할 수 있다는 것이다. 물론 이때의 임대료는 비싸질 수 있다. 또는 차량을 원하는 곳으로 배달해주는 서비스도 제공하며, 마찬가지로 이때에도 임대료가 비싸질 수 있다.

모든 것이 결정되면 임대기간동안 차량보험을 구매할 것인지를 선택해야한다. 일일 보험료는 차량에 따라 $10~30(미국기준)이다. 일일 차량임대료가 $18이라고 한다면, 보험료는 비싸다고도 할 수 있다. 그러나 해외여행 중 교통사고 가해자가 된다면, 엄청난 금전적 손실과 법적 소송 등 큰 낭패를 겪을 수 있다. 따라서 즐겁고 안전한 여행이 되기 위해서는 임대차량 운전 중에는 반드시 보험을 구매해야한다. 또한 차량 사고에 대한 손상 면제(A Collision/Loss Damage Waiver) 보험은, 반환 후 렌터카 회사로부터 차량손상에 대한 수리비용 청구와 관련된 분쟁에 대해 걱정할 필요가 없다. 혹시라도 보험을 구매하지 않기로 결정하였다면, 차량을 인수할 때 그리고 반환할 때 차량 손상여부를 꼼꼼하게 살펴, 나중에 차량손상에 관련된 분쟁을 예방할 필요가 있다.

차량임대에 필요한 상황을 확인하였다면, **4개의 절차적 단계에 따라 차량을 임대해보자.** 다시 한 번 확인하자면, 원하는 날에 차량을 임대할 수 없을 수 있기에, 차량임대 전에 반드시 예약할 필요가 있다. 따라서 예약한 후에 렌터카 회사를 방문하여 차량을 임대하는 상황으로 설정하였다. 음원을 들으며 실제로 차량을 임대하듯 대화에 참여하자.

절차	A: 직원	B:
인사	A: Good morning!	B: Good morning!
용무 (구매)	A: May I help you?	
	B: I would like to rent a car, please.	
	A: Do you have a reservation?	
	B: Yes, I do.	
	A: May I have your last name?	
	B: It's Kim, K-I-M.	
	A: Yes, I just found your name on the reservation list.	
	B: That's good.	
	A: You're picking up a car today, and returning it on the 28th.	
	B: That's correct.	
	A: Would you like to upgrade to a full-size car?	
	B: No, thanks! I just need a midsize car.	
	A: Would you like to purchase insurance for the car?	
	B: Yes, I would like to.	
	A: May I have your driver's license and credit card?	
	B: Here you go.	
	A: Please, sign and date here.	
	B: Okay.	
	A: Also, please, write your initials here, here, here, and here.	
	B: Okay.	
	A: You are all set. Here are your contract, license and credit card.	
	B: Sure. Where can I pick up the car?	
	A: Your car is in parking lot number E38. Please show your contract to the staff when you exit the parking lot.	
	B: Ok, sure.	

보상	A: Thank you for using our company.	
	B: Sure, and how much is it in total?	
	A: That will be $126 for 3 days. Here is your receipt.	
	B: Oh, I see.	
인사	A: Thanks.	B: Have a nice day!

    차를 임대할 때, 계약서(Contract)를 작성한다. 작성할 때는 서명과 날짜를 적도록 다음과 같이 요구한다: "Please, sign and date here." 그리고 세부 계약조건에 계약조건을 확인했다는 의미로 약식으로 서명하기를 요구할 수 있다. 약식 서명은 "Please, write your initials here, here, and here."할 수 있다. "Initials"은 영문이름 첫 글자들이다. 예를 들면 김성중(Kim, Seung Jung)의 "Initials"은 "KSJ"이며 영어식으로 쓴다면 "SJK"가 된다. 그리고 당신이 계약한 차는 보통 주차장에 주차되어있는데, 차를 몰고 주차장 밖으로 나갈 때, 주차비 정산하듯 직원이 당신의 계약서를 확인할 것이다. 이 때 계약서를 직원에게 보여주면 주자창밖으로 차를 몰고 나갈 수 있다.

    이제 길 찾기를 할 수 있어 어디를 가든 길 잃을 걱정이 없고, 교통수단을 사용할 수 있으니 본격적으로 여행을 즐겨보자.

● 관람(오락) 서비스 구매하기

오전에는 박물관을 방문할 계획이다. 여행 중에 많이 방문하는 곳들은 박물관, 미술관, 공원, 유적지 또는 놀이공원일 것이다. 그리고 미국 브로드웨이와 같은 곳을 방문한다면, 한 번쯤은 연극이나 뮤지컬 또는 오페라를 관람하는 여행객도 있을 것이다. **여행 중에 한번쯤(어쩌면 반드시) 경험할 수 있는 관람서비스를 4개의 절차적 단계에 따라 구매해보자.** 구매단계에서 관람서비스는 대부분 입장권 구매를 필요로 한다.

목표 지향적 의사소통에 따라 관람서비스에서 발생할 수 있는 대화 상황을 미리 확인하고, 어떠한 표현이 필요한지를 살펴보자. 예를 들면 관람서비스를 위해 기본적으로 입장표를 구매한다는 공통점이 있지만, 박물관 그리고 미술관은 특정 시간이 정해지지 않은 관람(오락) 서비스이다. 그리고 연극 그리고 오페라와 같이 특정 시간이 정해진 관람(오락)서비스도 있다. 그렇다면, **관람(오락)서비스를 구매하기 위해서, 동반인원(입장권 표 수)과 함께 원하는 시간을 미리 확인할 필요가 있다.**

먼저 특정 시간이 정해지지 않은 관람(오락)서비스 구매부터 확인해 보자. 4개의 절차적 상황에서 미리 확인할 것은 "동반 인원"일 것이다. 다음의 의사소통 상황은 박물관, 미술관, 공원, 유적지 그리고 (아마도) 놀이공원에 해당될 것이다. 많은 박물관 또는 미술관이 무료로 개방한다. 방문하고 싶은 박물관이 있다면, 인터넷 홈페이지를 통해 무료개방인지 아니면 입장료(Admission fee)를 지불하는지, 방문 전에 확인하고 여행계획을 세운다면 좀 더 경제적인 여행을 할 수 있을 것이다.

아래의 대화 상황은 미국 뉴욕에 있는 구겐하임 미술관을 예로 들었다. 구겐하임 미술관은 특정시간에 박물관 직원의 안내와 함께 무료로 개방하는 프로그램이 있다. 아래는 개인 입장에 따른 대화상황으로 설정하였다. 서비스를 구매하는 것이니 간단하게 "입장권 2장이요: Two tickets, please!"라고 하면 관람서비스에 필요한 입장권을 구매할 수 있다. 할인혜택이 있는지, "Is there a discount for students?"라는 표현으로 확인하자. 시간이 정해지지 않은 관람서비스를 구매하기 위해 아래의 대화를 음원을 들으며 함께 연습해 보자.

절차	관람객	판매 직원
인사	Good morning!	Good morning!
용무	I would like two tickets, please.	Tickets for two adults?
	That's right.	Okay.
보상	How much are the tickets?	They are $50.
	Is there a discount for students?	No, (there isn't.)
	I see. Here you are!	Here are your tickets!
인사	Have a nice day!	Enjoy your tour!

박물관, 미술관, 또는 놀이공원 등은 특정시간이 정해지지 않은 개장시간과 폐장시간 내에서 자유롭게 즐길 수 있는 관람(오락)서비스이다. 그런데 영화와 연극 같은 관람(오락)서비스는 **특정시간을 결정**해야 하며, **좌석선택**을 할 필요도 있을 것이다. 이러한 특징들을 가진 관람(오락)서비스 구매에서 발생할 수 있는 의사소통 상황을 확인하겠다. 음원을 들으며, 실제로 서비스를 구매하듯이 대화상황을 연습해 보자.

절차	A: 관람객	B: 판매 직원
인사	Good morning!	Good morning!
용무	A: I would like two tickets for Aladdin, please.	
	B: What time show would you like?	
	A: I would like the 10:30 show.	
	B: Where would you like to sit, near the front, back, or somewhere in the middle?	
	B: I would like to sit in the middle.	
	A: Would you like seats K23 and 24?	
	A: Yes, that sounds good.	
	B: Would you like anything else?	
	A: No, that's all.	
보상	A: How much?	
	B: It's $22.	
	A: Is there a discount for students?	
	B: Yes, students get 10% off. Can I see your IDs?	
	A: Here you are!	
	B: I see. Now you need to pay $19.80.	
	A: Here you go!	
	B: Here are your tickets!	
인사	A: Thanks!	B: Enjoy the show!

관람을 마치고 점심식사를 할 시간이다. 점심은 간단히 먹고, 저녁을 맛있게 먹을 계획이다. 간단히 먹기 위해 맥도날드에 갔다. 맥도날드에서 콤비네이션(Combination 또는 간단히 콤보: Combo) 메뉴를 선택한다면 주문은 간단해 질 것이다. 메뉴판에서 선택한 메뉴 번호를 직원에게 알려주면 된다. 콤보 메뉴를 선택할 때 음료와 감자튀김(프렌치프라이)의 사이즈를 선택할 수 있다: 작은 것(Small), 중간 것(Medium), 그리고 큰 것(Large). 콤보 메뉴를 선택한다면 아래와 같은 의사소통이 될 것이다. 실제 주문하는 것처럼 음원을 들으며 대화에 참여하자.

절차	A: 판매 직원	B: 고객
인사	A: Good afternoon!	B: Hello!
용무	A: What can I get you?	
	B: I would like number 3, large size please!	
	A: What kind of drink would you like?	
	B: I would like a Coke without ice.	
	A: Sure! Would you like anything else?	
	B: No, that's it.	
	A: Is that for here or to go?	
	B: It is for here.	
보상	A: That will be $10.97.	B: Here is my credit card.
인사	A: Thank you. Have a nice day!	B: You too.

지금까지 구매할 때 상품 또는 서비스에 대한 세금부고에 대한 설명하지 않았다. 우리나라는 구매상품 또는 서비스에 세금이 포함된 가격이지만, 미국을 예로 들자면 구매 후(농산물 제외)에 세금이 부과된다. 그리고 미국의 각 주(state)마다 부과하는 세율이 다르다. 예를 들면, 뉴욕 시는 상품 또는 서비스 가격의 8%을 세금으로 부과한다. 반면 내가 경험한 오하이오 주 콜럼버스

시는 5.75%의 세금을 부과한다. 패스트푸드 음식점에서 음식을 구매하면, 식당에서 먹을 것인지(for here) 아니면 포장할 것(to go/take out/take away)인지 확인하며, 포장은 세금을 부과하지 않는다. 그래서 내가 자주 가던 맥도날드에는 야외에 탁자가 있었는데, 포장을 해서 탁자에서 먹는 학생들도 많이 있었다.

콤보가 아닌 단품으로 구매하면 주문은 좀 더 복잡해진다. 목표 지향적 의사소통에 바탕을 두어 무엇을 주문할 것인지, 주문 카운터(Counter)로 가기 전에 결정하자. 단품으로 주문한다면 다음과 같은 대화상황이 될 것이다. 음원을 들으며 함께 대화에 참여하듯 연습해 보자.

🎧

절차	판매직원	고객
인사	Good afternoon!	Hi!
용무	A: What would you like?	
	B: I would like a BigMac, a medium size fries, and 10 pieces of McNuggets, please.	
	A: What kind of drink would you like?	
	B: I would like a Coke without ice.	
	A: Would you like anything else?	
	B: Can I get two honey mustard sauces, please?	
	A: Sure! Is that for here or to go?	
	B: It's for here	
보상	A: Your total come to $11.10.	B: Here you go.
인사	A: Please, come again!	B: Have a good one!

맥너겟(McNuggets)을 주문하면 너겟과 함께 먹을 소스를 선택하라는 요청을 받을 수 있다. 그러면 원하는 소스를 선택하면 된다. 인터넷상으로 소개된 소스 종류는 총 8가지이다. 여행 중 맥도날드에서 너겟을 맛 볼 계획이라면, 인터넷상에 소개된 8가지 소스의 맛을 확인하면 자신의 입맛에 맞는 소스와 함께 맥너겟을 즐길 수 있을 것이다.

● 상품 구매하기

점심식사 후 오는 길에 기념품 상점에 들러, 여행 기념품을 사기로 결정했다. 이제 4개의 절차적 단계로 의사소통하는 것에 익숙하여, 어디를 가든 사고 싶은 물품을 성공적으로 구매할 수 있다는 자신감이 생겼다. 4개의 절차적 단계에 따라 구매를 진행하면 된다.

절차	표현
인사	Good morning(afternoon/evening)/Hello/Hi
구매	I am looking for 원하는 상품/I need 원하는 상품
보상	How much is 구매상품/How much are 구매상품들
인사	Good bye/Bye-bye/See you/Have a nice(good) day!

목표 지향적 의사소통에 바탕을 두어, 상점에 들어가기 전에 무엇을 살 것인지를 미리 결정하고, "I am looking for 원하는 상품, (please)."라는 표현을 한번쯤 연습할 필요가 있다. 가족과 친구들을 위한 기념품으로 무엇이 좋을까? 상품을 살펴보고 구매를 결정하고 싶다면, 먼저 "I'm just looking around." 또는 "I'm just browsing, thank you."라고 하면 살펴볼 시간을 얻을 수 있을 것이다. 그러면 아래와 같은 대화상황이 발생할 수 있다. 음원을 들으며 함께 대화상황을 연습하자.

절차	A: 판매 직원	B: 고객
인사	A: Good afternoon! How are you?	B: Good afternoon!
용무	A: May I help you?	
	B: I'm just looking around, thank you.	
	A: Help yourself! Just let me know if you need my help.	
	B: Thank you!	
	B: Excuse me!	
	A: Sure! How may I help you?	
	A: I'm looking for post cards, mugs, and key chains for my family and friends, please. Where can I find them?	
	A: Please, go to aisle 8, and you can find all of them there.	
	B: Thanks again!	
보상	B: How much are all of these?	
	A: You are buying a book of postcards, 2 mugs, and 7 key chains.	
	B: That's right!	
	A: That will be $22.28.	
	B: Here is my credit card.	
	A: Here is your card and receipt. Thank you for shopping with us.	
인사	B: Have a nice day!	A: You have a good day!

기념품(Souvenirs) 중에서 인기 있는 품목 중 하나는 티셔츠이다. 기념품

판매점에서 티셔츠를 사는 것과 엽서, 머그컵 또는 열쇠고리를 사는 것은 다르다. 티셔츠를 구매한다면, 사이즈(size)와 색상 그리고 문양들을 확인할 수도 있기 때문이다. 이것은 영어권 국가뿐만 아니라 우리나라에서도 발생할 수 있는 옷 구매상황이다. 기념품판매점뿐만 아니라, 옷 판매 매장에서 옷을 구매할 때 옷 종류, 사이즈, 색상 그리고 문양/무늬(Pattern)도 구매 전에 확인할 내용이다. 그래서 목표 지향적 의사소통 연습이 필요한 것이다. 티셔츠를 사기위해 자신의 옷 사이즈, 원하는 색상, 그리고 문양(무늬)은 결정하였는지, 다시 한 번 확인하자. 그리고 4개의 절차적 단계에 따라 음원을 들으며 티셔츠를 구매해 보자.

절차	판매직원	고객
인사	Good afternoon!	Good afternoon!
용무	May I help you!	I'm looking for T-shirts.
	What color would you like?	I would like light blue.
	I see. What size are you?	I am an XL.
	Here you go!	Can I try it on?
	Sure! Fitting rooms are over there.	Thank you for your help.
보상	Do you like it?	Yes, I will take it. How much?
	That will be $14.40.	Here is my card!
인사	Thank you for shopping with us!	Sure!
	Have a nice day!	You have a good one!

옷을 구매할 때 가장 중요한 것은 사이즈이다. 판매직원이 당신의 옷 사이즈를 확인할 때 "What size are you?"라고 할 수 있고, "What size do you wear?" 또는 "What size do you take?"라고도 확인할 수 있다. 또는 간단히 "What size?"라고도 한다. 공통적으로 "What size"라는 표현이 있기에 당신은 질문을 쉽게 이해할 수 있을 것이다. 직원이 사이즈를 묻기 전에 먼저, "I am

139

looking for 원하는 사이즈(a small/medium/large/X-large/XX-large) 티셔츠"라고 말할 수 있다. 또는 "I would like 원하는 사이즈 티셔츠"라는 표현으로 자신이 찾는 사이즈를 매장 직원에게 전달할 수 있다.

실제 사이즈가 나라마다 조금씩 다르기에, 자신의 신체에 맞게 사이즈를 조절하여 구매할 수 있는 의사소통 능력도 필요하다. 예를 들면, 우리나라 옷 가게에서 "옷이 작아요! 조금 더 큰 것 없어요?"라고 사이즈를 말하는 것처럼, 영어권 국가에도 비슷한 상황이 발생할 것이다. 이러한 상황에 필요한 영어표현들을 음원과 함께 연습해 보자.

🎧

유형	문제점 표현	해결 요청
작을 때	This is too tight for me. This is too small for me.	Do you have a bigger size?
클 때	This is too loose for me. This is too big for me.	Do you have a smaller size?

옷의 색상도 옷을 구매할 때 소비자가 중요하게 생각하는 것 중 하나이다. 매장 직원이 "What color would you like?"라고 묻기 전에, "I am looking for 원하는 색상 티셔츠." 또는 "I would like 원하는 색상 티셔츠"이라는 표현으로 자신이 찾는 색상의 티셔츠를 매장 직원에게 전달할 수 있다. 매장 직원이 추천한 색상이 맘에 들지 않거나 자신이 선택한 색상이 자신이 원하는 실질적 색상이 아닐 때는 아래와 같이 문제를 해결할 수 있다. 음원을 듣고 함께 확인해 보자.

🎧

유형	문제점 표현	해결 요청
너무 화사할 때	This is too bright for me.	Do you have this in another color?
	This is too colorful for me.	
너무 어두울 때	This is too dark for me.	
	This is too dull for me.	

옷의 사이즈와 색상에 함께, 구매자가 결정할 필요가 있는 것은 옷의 무늬(문양)이다. 무늬(문양)에 관련된 표현은 "원하는 색상 + patterned with 원하는 문양(무늬)"이다. 예를 들면, 앞서 확인한 것처럼 파란색 티셔츠에 노란색 꽃무늬가 있는 티셔츠를 원한다면, "I am looking for a blue T-shirt patterned with yellow flowers."라고 표현한다. 그러면 "강아지 문양이 있는 흰색 티셔츠 찾아요!"는 어떻게 표현할 수 있을까? "I am looking for a white T-shirt patterned with a puppy (또는 puppies)"라고 표현할 수 있다. 또는 "I am looking for a puppy-patterned white T-shirt."라고도 표현할 수 있다.

옷을 구매할 때 줄무늬를 원하는 구매자도 있을 것이다. 줄무늬 옷을 구매할 때는 "줄무늬를 이루는 색상들 + stripes"라고 표현할 수 있다. 예를 들면,

노란색과 초록색으로 이루어진 줄무늬 티셔츠는, "I am looking for a T-shirt with yellow and green stripes."라고 할 수 있다. 그렇다면 흰색과 검은색으로 이루어진 줄무늬 티셔츠는 어떻게 표현할 수 있을까? "I am looking for a T-shirt with white and black stripes."라고 하면 된다. 마지막으로, 결정한 옷이 없지만 매장 직원의 추천으로 바지와 잘 어울리는 티셔츠를 구매하고 싶다면, "Do you have T-shirts that can match my blue jeans(trousers/pants)?"라는 표현으로 직원의 추천을 받을 수 있다.

상품구매는 상품과 함께 서비스도 구매하는 것이기에, "원하는 서비스 + please!"라는 간단한 표현으로 원하는 상품을 구매할 수 있다. 예를 들면, "(A) T-shirt, please!" "Light blue, please!" "(An) XL, please!" "patterned with yellow flowers, please!" "(A) bigger size, please!"라는 간단한 표현으로 원하는 상품을 구매할 수 있다. 직원과 의사소통을 주고받는 것이 부담스럽다면, 앞서 소개한 것처럼 "I'm looking for a light blue XL T-shirt patterned with yellow flowers, please."라고 하면 상품 정보를 한 번에 전달할 수 있다. 또는 종이에 적어 직원에게 건네면, 원하는 티셔츠를 구매할 수 있을 것이다.

음식(음료) 서비스 구매하기

　기념품을 사고 돌아오는 길에 아이스크림 가게를 발견하였다. 외국에서 파는 아이스크림 맛은 어떨까 궁금하여 맛보기로 하였다. 목표 지향적 의사소통에 바탕을 두어, 아이스크림 구매 전 어떤 질문이 오고갈지를 생각해 보았다. 매장으로 들어가면 우선 인사할 것이다. 그리고 아이스크림을 구매할 때, 아이스크림 (맛)종류, 아이스크림 용기(콘 아니면 컵), 아이스크림 양, 그리고 토핑(Topping)을 원한다면 어떤 토핑을 선택할 것인지를 물을 것이다. 그리고 보상단계에서는 값을 묻고 아이스크림 값을 지불해야 한다. 어떤 질문이 오고갈지를 확인하였다면, 4개의 절차적 단계에 따라, 음원을 들으며 원하는 아이스크림을 구매하자.

아이스크림 구매하기

절차	판매직원	고객
인사	Good afternoon!	Hello!
용무	What can I get you?	I would like to have a single scoop of ice cream.
	What flavor would you like?	I would like vanilla, please.
	Would you like a cup or cone?	I would like a waffle cone.
	What toppings would you like?	I would like caramel and nuts.
	Would you like anything else?	No, that's it.
보상	That will be $3.16.	Here you are!
인사	Have a nice day!	Thanks. You, too.

대화에서 확인하였듯이, 아이스크림 선택할 때는 기본적으로 네 개의 선택사항을 결정해야한다: **아이스크림 종류(맛), 아이스크림 용기, 아이스크림 양, 그리고 토핑**이다. 하나하나씩 살펴보도록 하자. 우선 아이스크림 종류(맛: What flavor?)이다. 아이스크림 가게의 규모에 따라 판매하는 아이스크림 맛의 종류는 다양해질 것이다. 인터넷에서 소개한 미국에서 가장 인기 있는 맛 10 종류만 소개하겠다: **Cookies and cream, Chocolate, Vanilla, Chocolate chip, French Vanilla, Strawberry, Peanut butter, Rocky Road, Neapolitan**, 그리고 **Coffee**. 각각의 맛이 어떠한지는 직접 먹어보면 정확하게 알겠지만, 맛보기 전에 확인하고 싶다면 인터넷을 통해 확인할 수 있다.

아이스크림 용기는 컵과 콘을 선택할 수 있다. 컵은 먹을 수 없지만 편하게 먹을 수 있고, 콘은 아이스크림과 함께 먹을 수 있다는 장점이 있다. 콘은 다시 다양한 종류가 있어 취향에 따라 선택할 수 있다. 일반적인 콘의 종류는 우리가 보통 먹는 콘, 웨이퍼(wafer)가 있고, 어린이를 위한 작지만 좀 더 달콤한 키드(Kid) 콘이 있다. 키드 콘처럼 좀 더 달콤한 슈거(Sugar) 콘 그리고 와플 맛(Waffle) 콘과 프리첼(Pretzel) 맛의 콘이 있다. 납작한 콘이 있고 뾰족한 콘도 있으며, 팥빙수도 담을 수 있는 대접 같은 넓은 콘도 있다. 아이스크림 양은 스쿱(Scoop)으로 결정하는데, 한 스쿱인 싱글(Single), 두 스쿱인 더블(Double)이 있다. 아이들이 먹을 만큼의 양인 키드(Kid) 스쿱도 있다.

아이스크림 위에 뿌려먹는 토핑도 다양하다. 미국에서 인기 있는 토핑 10개만 소개하겠다: **Whipped cream, Hot fudge, Sprinkles, Caramel, Oreos, Hard chocolate coating, Peanut butter, Melted Marshmallow, Nuts**, 그리고 **Fruits**가 있다. 각 토핑의 맛은 직접 경험하면 제일 빠를 것이며, 맛보기 전에 어떤 내용물과 어떤 맛인지 궁금하다면, 인터넷을 통해 확인하면 도움이 될 것이다. 그리고 토핑의 종류는 아이스크림 매장의 규모와 단골손님의 취향에 따라 다를 수 있으므로, 매장에서 직접 선택해야한다.

조금은 특별하다고 할 수 있는 아이스크림은 바나나 스플릿(Banana Split)과 선데이(Sundae: '선디'라고도 읽는다)가 있다. 선데이는 우리나라 순대(Sundae)와 같은 표기를 한다는 것이 흥미롭다. 선데이는 싱글 스쿱 또는 더블 스쿱의 아이스크림에 취향에 따라 다양한 토핑을 얹어서 먹는다. 취향에 따라 마시멜로우, 견과류, 체리 또는 바나나와 파일애플을 곁들여 먹기도 한다. 바나나 스플릿은 용기에 바나나를 횡으로 쪼갠 후 바닐라 맛, 쵸코릿 맛 그리고 딸기 맛 아이스크림을 넣은 후 초콜릿, 딸기 또는 캐러멜 소스(Sauce)를 얹은 후 견과류를 뿌린 아이스크림이다. 기호에 따라 토핑을 뿌려 먹을 수 있고, 마지막에 체리로 장식하는 아이스크림이다.

지금까지 4개의 절차적 단계에 따라 아이스크림을 주문하는 대화상황을 확인하였다. 아이스크림을 주문할 때, 매장 직원은 다양한 방법으로 주문을 유도할 것이다. "Are you ready to order?" "What would you like?" "What would you like to have?" 또는 "What can I get you?"등등이 있다. 그러면, 당신은 ❶ 아이스크림 양, ❷ 아이스크림 용기, ❸ 아이스크림 맛, 그리고 ❹ 토핑을 결정하여 주문하면 된다. 이 네 개의 주문은 순서가 바뀔 수도 있다. 주문이 내용이 복잡할 수도 있으니, "선택한 것 + please!"라고 하면 될 것이다. 상품판매뿐만 아니라 서비스도 포함되었기 때문에 "선택한 것 + please!"만으로도 원하는 아이스크림을 구매할 수 있는 것이다.

> 커피(음료) 구매하기

아이스크림을 맛있게 먹은 후 돌아오는 길에 아주 멋지고 낭만적인 카페를 발견하였다. 화창한 늦은 오후에 커피가 딱 제격일 것 같아 커피 한 잔 마시기로 하였다. 4개의 절차적 단계에 따라 어떠한 대화가 오고갈지를 미리 확인해보자. 인사를 하고 커피를 주문할 때, 매장 직원은 매장에서 마실 것이지 아니면 포장해 갈 것인지를 확인할 것이다. 그런 후 커피 종류와 커피 온도(차가운 것 또는 따뜻한 것), 그리고 음료 사이즈를 확인한다. 그 외 커피음료에 대하여 특별한 주문사항(예: 커피를 진하게)이 있는지 확인할 것이다. 주문사항을 결정하였다면, 카페에서 실제로 음료를 구매하자. 4개의 절차적 단계에 따라 음원을 들으며, 카페에서 원하는 음료를 주문하여 즐길 수 있는 대화를 연습하자.

절차	A: 카페직원	B: 고객
인사	A: Good afternoon!	B: Good afternoon!
용무	A: Would you like to order for here or to go?	
	B: For here, please!	
	A: What would you like?	
	B: I would like one Americano.	
	A: Would you like it hot or iced?	
	B: Iced, please!	
	A: What size would you like?	
	B: I would like a grande.	
	A: Would you like anything else?	
	B: I would like an extra shot, please.	
보상	A: Okay.	How much is it?
	A: That will be $4.28.	B: Here you are!
인사	A: Enjoy your coffee!!	A: Thanks! Have a nice day!

　주문과정에서 답변내용이 길어 부담스럽다면, "결정한 사항 + please!"라는 간단한 표현으로 주문할 수 있다. 예를 들면, "I would like one Americano."라는 긴 표현 대신에 간단히, "One Americano, please!"라고 하면 될 것이다. 또한 "I would like to have a grande."라는 긴 표현 대신에 간단히, "(A) grande, please!"라고 하면 될 것이다. 그리고 음료사이즈는 카페마다 다를 수 있다. 손님이 음료사이즈를 쉽게 이해할 수 있도록 커피 사이즈 옆에 양(4, 6, 8, 12, 16oz)을 표시한다든가, 아니면 모형 컵을 주문 계산대에 전시하고 있으니, 자신이 원하는 양을 쉽게 결정할 수 있을 것이다.

　여름에는 시원한 음료를 많이 선호한다. 그런데 얼음을 원치 않는다면, "No ice, please!" 또는 "Without ice, please!"라고 할 수 있다. 적은 양의 얼음을 원한다면, "Light ice, please!" 또는 "Easy on ice, please!"라고 주문할 수 있다. 반면, 추운 겨울에는 아주 뜨거운 커피를 마시고 싶을 수도 있다. 이때 뜨거운 음료를 선택했고 좀 더 뜨거운 음료를 원한다면, "Extra hot, please!"라고 요청할 수 있다.

우리나라에서 커피를 주문할 때, "진하게 해주세요!"라고 주문할 수 있다. 영어권 국가에서는 에스프레소(Espresso)를 추가해서 커피 맛을 진하게 요청할 수 있으며, "One extra shot, please!"라고 주문할 수 있다. 처음부터 에스프레소 양을 결정하여 주문할 수 있다. 예를 들면, "I would like to have a triple shot Mocha!"라고 할 수 있다. 카페인을 원치 않는다면, "I would like a decaf Latte!"라고 할 수 있다. 또는 "I would like a Latte without caffeine."라고 주문할 수 있다. 커피의 단맛을 위해 시럽(Syrup)이 필요하며, 캐러멜(Caramel), 헤이즐넛(Hazelnuts), 또는 바닐라(Vanilla)향 중에서 선택할 수 있다.

커피는 우유를 넣는 제품이다. 건강을 생각해서 또는 다른 이유로 우유의 지방함량을 조절해 선택할 수 있다. 보통의 우유는 "Full fat"이라하며, 특별한 주문을 하지 않는다면, "Full fat" 우유를 사용한다. 지방 함량이 절반만 들어간 우유는 "Half fat 또는 Semi-skimmed"라고 하며, 지방함량을 모두 제거한 것은 "Skinny 또는 Skimmed"라고 한다. 마지막으로 커피에 거품을 좀 더 원한다면, "I would like extra foam on my Cappuccino, please."라고 주문할 수 있다.

다시 한 번 강조하자면, 주문 내용이 복잡하여 의사소통 상황이 부담스럽다면, "원하는 서비스 + please!"라고 주문하면 의사소통이 훨씬 더 쉬워질 것이다. 예를 들면 매장 직원의 메뉴선택 질문에 다음과 같이 간결하게 말할 수 있다. "Hot, please!" "Venti, please!" "Double shot, please!" "Hazelnut, please!" "Skinny, please!"

이 모든 주문사항을 매장 직원이 질문할 수도 있다. 주문 절차가 복잡하다고 생각되거나 매장 직원과 대화 주고받기(Turn-taking)가 부담스럽다면 자신이 원하는 것을 한 번에 주문하면 될 것이다. 예를 들면, "I would like a hot, venti, decaf, double shot, vanilla, skinny Cappuccino, please."라고 주문할 수 있다. 이 제품 대신에 카페인이 들어간 커피를 원하고, 바닐라 대신에 헤이즐넛 시럽이 들어간 카푸치노(Cappuccino)를 원한다면, "I would like a hot, venti, double shot, hazelnut, skinny Cappuccino, please."라고 주문할 수 있다. 주문이 끝났는데, 미처 말하지 못한 추가 주문사항이 있다면 "추가 주문사항 + Please!"라고 하면 된다. 예를 들면, "Extra foam, please!"라고 하면 될 것이다. 주문 내용이 많아 외우기가 쉽지 않다면 주문내용을 메모하여 직원에게 건네면 될 것이다.

> **식당에서 음식(서비스) 구매하기**

    커피를 마시며 즐거운 시간을 보냈더니, 어느새 저녁 먹을 시간이다. 점심을 가볍게 먹었으니 저녁은 내가 제일 좋아하는 스테이크를 먹을 것이다. **목표 지향적 의사소통에 따라, 식당에 가기 전** 주문과정에서 어떠한 대화가 발생할지를 앞서 살펴보자. **인사**를 하고 식탁에 앉으면, 메뉴를 확인하도록 어느 정도의 시간을 준다. 그리고 **주문**을 시작하면, 전식(Appetizer)과 주식(Main course) 그리고 음료를 주문한다. 그리고 주식을 마칠 때 쯤, 직원은 후식(Dessert)이 필요한지를 확인할 것이다. 정리하면, **전식과 주식 그리고 음료와 후식을 선택하여 주문해야 한다.** 그리고 스테이크를 먹는다면, **스테이크의 굽기 정도**를 결정해야한다.

    주문하기가 어렵다면 "**선택한 주문사항 + please!**"라고 주문할 것이다. 또는 영어능력 발달을 위해 영어 말하기 연습을 좀 더 적극적으로 하고 싶다면, "**I would like 선택한 주문사항.**" 또는 "**I would like to have 선택한 주문사항.**"라는 표현을 사용할 수 있다. 아니면, 식당 직원의 질문에 답변이 있다는 언어의 특징을 활용할 수도 있다. 이러한 사항을 종합하여, 식당에서 스테이크를 주문하면 4개의 절차적 단계에 따라 아래와 같이 대화가 발생할 것이다. 두 명으로 설정하였지만, 대화상황은 한 명으로만 진행하였다. 다른 한 명은 같은 방법으로 반복 주문하면 될 것이다. 음원과 함께 식당에서 음식(스테이크)을 주문하자.

🎧

절차	식당직원	고객
인사	Good evening!	Good evening!
	How many people are you?	Two!
	I will take you to your table.	Thank you!

용무	Are you ready to order?	Yes, we are.
	What would you like to order?	I would like to order a steak.
	How would you like your steak?	Medium, please!
	Would you like to have a starter?	I would like a tomato soup.
	What would you like to drink?	A glass of wine, Jordan, please!
	Would you like anything else?	That's all for now.
	Is everything okay?	Yes, it is. Thank you!
	Would you like to have a dessert?	Yes! What do you have?
	We have cheesecake, chocolate cake, apple pie and ice cream.	I would like cheesecake, please!
보상	Yes, how may I help you?	Bring me the check, please!
	Sure. ... Here you are.	Here is my credit card.
인사	Did you enjoy your meal?	Yes, I did.
	Please come again!	Have a good night!

　대화를 통해 확인한 것처럼 **"목표 지향적 의사소통의 장점"**은, 의사소통 상황을 경험하기 전에 어떠한 대화가 오고갈지를 미리 확인할 수 있다는 것이다. 식당에서 파스타나 스파게티를 주문할 때와는 다르게, 스테이크를 주문하고 싶다면, "스테이크를 어떻게 요리해 드릴까요?(How would you like your steak?)"라는 스테이크 굽기 정도를 묻는 질문에 대답할 준비가 필요하다. 스테이크를 주문할 때 굽기 정도를 질문할 것이라는 사실을 당신은 어떻게 알 수 있을까? 그것은 영어권 국가뿐만 아니라, 한국에서도 스테이크를 주문할 때 "굽기 정도"를 묻기 때문이다. 즉 한국의 상황과 영어권 국가의 상황에서 공유하는 공통된 특징, 보편적 핵심(Common core)이 있기 때문이다.

　"목표 지향적 의사소통"에 바탕을 두어, 식당 방문목적이 원하는 스테이크를 주문하여 즐기기 위한 것이라면, 식당에 가기 전 인터넷을 활용하여 "스테이크 굽기 정도"를 확인한다. 이는 인터뷰 질문을 미리 확인하고,

그 질문에 답을 준비하는 것과 같은 장점이 있다고 하였다. **인터넷 검색 창에 "스테이크 굽기 정도"라는 검색어를 넣으면, 보통 여섯 가지의 굽기 정도를 소개한다.** ❶ 블루 레어(Blue Rare), ❷ 레어(Rare), ❸ 미디엄 레어(Medium Rare), ❹ 미디엄(Medium), ❺ 미디엄 웰(Medium Well), 그리고 ❻ 웰던(Well Done)이 있다. 또한 **각각의 굽기 정도를 자세히 설명하고 있어, 당신이 원하는 스테이크를 선택할 수 있다.** 당신이 원하는 굽기 정도를 기억한다면(또는 메모하여 간다면), "How would you like your steak?"라는 질문에, "미디엄으로 해주세요(**Medium, please**)!"라며 당신의 선택을 올바르게 전달할 수 있다.

또한 스테이크와 함께 와인을 마신다면, 같은 방식으로 "식당에서 인기 있는 와인(popular wines in restaurants)"을 검색 창에 넣으면, 스테이크와 곁들여 마실 수 있는 추천 와인을 확인할 수 있다. 예를 들면, www.google.com의 검색 창에 "**popular wines in restaurants**"를 입력하면, 와인에 대한 정보를 얻을 수 있다. 스테이크와 함께 할 수 있는 레드 와인은, 조던(Jordan), 스택스 립 와인 셀러스(Stag's Leap Wine Cellars), 그리고 소노마 커츄러(Somoma-Cutrer)가 요즘 미국의 식당가에서 인기 있는 와인이라고 소개하고 있다. 그리고 관심 있는 와인을 좀 더 자세히 알고 싶으면 같은 방식으로 정보를 검색할 수 있다. 예를 들면, "스택스 립 와인 셀러스(Stag's

Leap Wine Cellars)"를 네이버에서 검색하니, www.wine21.com의 사이트를 소개하였고, 이 와인에 대한 그 사이트의 내용은 다음과 같다.

> "체리, 딸기, 바닐라, 로즈마리의 아로마와 계피와 넛맥(Nutmeg 육두구)의 느낌이 튀어나오고, 입에 머금으면 체리, 크랜베리, 모카의 느낌이 젠틀하며, 중간 맛은 견실하며 잘 익은 라즈베리와 진한 쵸콜렛의 맛이 느껴지는 와인이다."

당신이 원하는 레드 와인이라면, 이 와인을 선택하면 될 것이다.

그렇다면 당신이 레스토랑을 방문하는 목적이 "스택스 립 와인 셀러스" 와인을 곁들인 스테이크를 즐기는 것이라 하자. 그리고 스테이크의 굽기 정도는 미디엄이라면, "I would like to have a steak, medium, and a glass (a bottle) of Stag's Leap Wine Cellars"를 기억한다면, 원하는 스테이크와 함께 와인을 즐길 수 있을 것이다. 혹시라도, 외우기가 부담스럽다면, 식당 방문 전에 메모지에 적어 직원에게 건네주면 된다. 혹시라도 원하는 와인이 식당에 없다면, "와인 목록 부탁해요(Wine list, please)!"라고 하면 직원은 와인 목록을 가져다 줄 것이다. 그리고 주어진 와인 목록에 찾고 있는 와인 종류가 없다면, "와인 하나 추천해주세요(Recommend a wine, please!)"라고 하면 된다. 그러면 직원은 당신의 스테이크에 맞는 와인을 추천해 줄 것이다.

식당에서 저녁식사로서 스테이크를 예로 들은 것은, 와인을 곁들인 스테이크를 주문하여 즐길 수 있다면, 다른 종류의 식사도 성공적으로 주문하여 즐길 수 있다고 확신하기 때문이다. 다른 식사 주문은 메뉴에 적혀있는 선택 메뉴를 가리키며, "This one, please!"라고 하면 될 것이다. 식당직원이 권유하는 것을 원한다면, 예를 들면 식당직원이 커피 또는 물을 리필(Refill)할 때 "Would you like more coffee(water)?"라는 질문에, 원한다면 "Yes, please!"라고 하고, 원하지 않는다면 "No, thanks" 또는 "No, thank you!"라고 하면 된다. 식사를 마치고 보상할 때, 직원에게 팁을 주는 것을 잊지 않도록 하자.

저녁식사를 마치고 다시 숙소로 돌아왔다. 하루 종일 이곳저곳을 다녔더니 피곤하여 따뜻한 물로 욕조에서 간단한 목욕을 즐겼다. 목욕 후, 문득 기념품점에서 구매한 엽서가 생각났다. 가족과 친구들에게 여행 중에 내가 건강히 잘 지내고 있다는 안부를 전해야겠다. 여러 통의 엽서를 정성들여 썼더니 갑자기 출출한 생각에 무엇인가 먹고 싶어졌다. 야식을 먹을까 말까 고민하다가, 해외여행 중에 전화로 음식을 주문하여 먹는 것도 좋은 추억이 될 것 같아, 야식을 주문하여 먹기로 결정하였다. 메뉴는 피자로 결정하였다.

> 전화로 음식 주문하기

"**목표 지향적 의사소통**"에 바탕을 두어 피자를 주문할 것이다. 피자를 주문하면 어떠한 것들이 필요할까? 이 질문에 대한 답이 준비된다면, 피자를 성공적으로 구매할 수 있을 것이다. 한국에서 피자를 주문한다면, 우선 **피자 종류와 크기, 피자 도우(Thick dough: 두꺼운 도우 아니면 Thin dough: 얇은 도우), 토핑(Toppings), 그리고 배달을 원한다면 주소지와 전화번호**가 필요하다. 영어권 국가에서도 피자를 주문한다면, 기본적으로 이 4가지 정보에 관한 선택사항 질문을 할 것이다. 그렇다면, 이 선택사항들을 결정했는지 주문 전에 다시 한 번 확인하자. 우리나라 생활정보지 또는 배달정보지와 같은 쿠폰 북(Coupon book)을 통해, 배달업체를 결정하고 가격과 토핑 정보를 확인할 수 있을 것이다.

피자 주문할 때, 주소지를 먼저 알려주고 싶다면, "**I'm calling from 주소지.**"라고 하면 될 것이다. 그리고 **피자 종류, 피자 도우, 그리고 토핑에 관련된**

정보는 쿠폰 북에서 확인할 수 있을 것이다. 피자에 대해 좀 더 자세한 정보를 알고 싶다면, 주문 전에 피자판매업체 인터넷 사이트를 확인하면 된다. 예를 들면 "파파존스" 영국사이트를 확인하면, 피자 크기는 4종류(small, medium, large, 그리고 XX-large)가 있다는 것을 확인할 수 있고, 피자 크러스트도 4가지 종류, Deep Crust, Stuffed Crust(우리나라처럼 치즈가 채워진), Authentic Thin Crust, 그리고 Original Crust가 있다는 것을 확인할 수 있다.

피자종류와 크기, 피자 도우와 크러스트, 그리고 토핑을 결정하였다면, 4개의 절차적 단계에 따라 음원과 함께 피자를 전화 주문해 보자.

🎧

절차	A = 피자 판매직원	B = 손님
인사	A: Good evening! Papa John's! How may I help you?	
	B: Good Evening! I'm calling from 328 Lang's Tower, 106 Curl Drive. I would like to order a pizza!	
용무	A: Would you like come pick it up at the store, or would you like it delivered to your place?	
	B: I would like it delivered to my place.	
	A: What kind of pizza would you like?	
	B: I would like a pepperoni pizza, please.	
	A: What size would you like?	
	B: I would like medium, please!	
	A: What kind of crust would you like?	
	B: Cheese crust, please!	
	A: What toppings would you like?	
	B: I would like extra cheese, sausage, onion, and pepperoni, please!	
	A: Would you like anything else?	
	B: No, that's it.	
	A: Would you tell me your address again?	
	B: Sure! My address is 328 Lang's Tower, 106 Curl Drive.	
	A: Can I have your phone number, too?	
	B: My phone number is 614-788-6288.	

보상	A: You have ordered a medium pepperoni pizza with cheese crust and four toppings, extra cheese, sausage, onion, and pepperoni, Is that right?
	B: Yes, that's right. How much?
	A: That will be $21.76. How would you like to pay, cash or credit card?
	B: Credit card, please! How long will it take to be delivered?
	A: It will take about 30 minutes.
	B: I see. Thank you.
인사	A: Thank you for your ordering. Have a nice evening!
	B; Thanks. You too.

피자를 주문할 때 혹시 쿠폰이 있다면, "I have a coupon, saying 20% off the orignal price!"라고 하면 할인혜택을 받을 수 있다. 전화 주문할 때, 직원과의 영어 대화 주고받기(turn-taking) 하는 것이 부담스럽다면, (필요하다면 종이에 적어 읽듯이) 당신이 원하는 것을 한 번에 주문하면 되는 것이다.

나: I am calling from 328 Lang's Tower, 106 Curl Drive. I would like to order a medium pepperoni pizza with the cheese roll crust with four toppings, extra cheese, sausage, onion, and pepperoni, please.

주소를 확인할 때, 영어식으로 작은 지역단위부터 큰 지역단위로 당신의 주소를 상대방에게 말해줄 수 있어야 한다. 그리고 당신의 주소를 말할 때 "I am calling from 주소." 또는 "My address is 주소."라는 표현을 사용할 수 있다. 그리고 주소와 전화번호를 확인할 때 숫자를 하나하나씩 말할 수 있고, 두 자리씩 끊어서 말할 수도 있다. 예를 들면, 328은 "Three two eight!"라고 할 수 있으며, "Three twenty eight!"이라고도 할 수 있다. 1234는 "One two three four!"라고 할 수 있으며, "Twelve thirty four!"라고도 할 수 있다. 그리고 보상할 때, 카드 번호를 요구할 수 있으니, 카드번호와 카드

유효기간(Expiration date)을 매장 직원에게 전달할 수 있는지 확인하자.

　선택사항이 많은 피자를 배달 주문하여 즐길 수 있다면, 다른 음식들도 배달 주문하여 즐길 수 있을 것이다. 4개의 절차적 단계로 정리하자면, ❶ 인사 - ❷ 용무(배달 주문) - ❸ 보상 - ❹ 인사이다. 배달 주문할 때, 상품선택과 함께 배달 주소와 전화번호를 매장 직원에게 알려줄 필요가 있다는 사실을 기억해야한다. 전화 주문할 때, "I am calling from 거주지 주소"라는 표현을 잘 기억해 두자. 그리고 오늘은 중국집에 전화를 걸어 음식을 주문한다면, 영어로 어떤 대화가 오고 갈지를 확인하고 연습해보자. 그리고 내일은 치킨 매장에 전화를 하여 원하는 상품을 배달 주문하는 상황을 영어로 연습해 보자.

기타 서비스 구매하기

"**기타 서비스 구매하기**"에서는 여행 중에 경험할 수 있는 서비스 구매를 확인하겠다. 여행 중에 가족이나 친구에게 엽서나 편지를 보낼 수도 있고, 여행자 수표를 은행에서 현금으로 바꿀 필요도 있을 것이다. 그리고 그런 일이 발생하면 안 되겠지만 불운의 사고로 의료서비스를 받을 수도 있을 것이다. 이와 같은 경우를 대비하여 각각의 서비스 구매 상황을 확인하도록 하겠다.

은행 서비스 구매하기

어제 이곳저곳 다니며 조금씩 현금을 사용하였더니, 현금이 없는 상태가 되었다. 그래서 오전에는 은행에 들러, 여행자 수표(Traveler's check)를 현금으로 바꾸어 하루 동안 쓸 정도의 현금을 준비하기로 하였다. 여행자 수표를 현금처럼 사용할 수 있지만, 일부 소규모 상점에서 여행자 수표를 거부할 수 있으니, 은행에서 현금화하기로 결정하였다. 목표 지향적 의사소통에 바탕을 두어, 은행에 가기 전에 여행자 수표를 현금으로 바꾸기 위해 무엇이 필요한지를 확인하였다. 은행에 가면 **인사를 할 것이고, 용무를 확인할 것이다**. 용무를 확인할 때 여행자 수표를 현금화 하는 것이기에, 분명히 내 **신분증(여권)을 확인할 것**이다. 그리고 우리나라 은행에서처럼, "얼마짜리 지폐로 바꿔드릴까요?"라고 할 수도 있다. 그렇다면 여권이 필요하고, $100달러 여행자 수표를 "$20 3장, $10 2장, $5 3장, 그리고 $1 5장"으로 교환해 달라고 할 것이다.

다음은 4개의 절차적 단계에 따라, 은행에서 여행자 수표를 현금화하는 의사소통 상황이다. 음원을 들으며 실제로 은행에서 현금화한다는 생각으로 영어의사소통에 참여하자.

🎧

절차	A = 은행원 1, C = 은행원 2	B = 고객
인사	A: Good morning!	B: Good morning!
	A: May I help you?	B: Yes, I would like to cash a check.
	A: Please, go to window 3.	B: Thanks.
용무	C: Good morning. What can I do for you?	
	B: Good morning. I would like to cash a check, please.	
	C: Do you have an account here?	
	B: No, I don't.	
	C: Sigh here, please!	
	B: Sure.	
	C: Can I see your ID?	
	B: Here is my passport.	
	C: Which bills would you like?	
	B: I would like 3 twenty-dollar bills, 2 ten-dollar bills, 3 five-dollar bills, and 5 one-dollar bills, please!	
보상	C: We need to charge you a 2% commission. Two dollars, please!	
	B: Here you go!	
	C: Can I help you with anything else?	
	B: That's all! Thank you	
	C: Thank you for using our bank.	
	B: Thank you for your kind help.	
인사	C: You have a nice day!	

핵심 용무인 "수표를 현금화하고 싶어요!"라는 표현은, "I would like to cash a check, please."이다. 그러면 은행원(Bank teller)은 당신이 은행계좌가 있는지 확인한다. 이유는 은행계좌가 있다면 환전 같은 간단한 서비스는

수수료를 받지 않기 때문이다. 다음으로 여행자 수표를 환전할 때, 이서를 해야 하기 때문에 여행자 수표에 서명해야 한다. 그 다음으로 신분증을 확인하기 때문에, 이서할 때 신분증에 있는 서명과 동일해야 한다. 100달러 수표이기에 "얼마짜리 지폐로 드릴까요?: Which bills would you like?"라는 질문을 하지 않고, 100달러 지폐로 줄 수 있다. 그런 경우 먼저 원하는 액수의 지폐를 다음과 같이 요청할 수 있다. "I would like 3 twenty-dollar bills, 2 ten-dollar bills, 3 five-dollar bills, and 5 one-dollar bills, please!"

여행자 수표는 보통 미국 달러이기에, 미국이 아닌 곳에서 여행자 수표를 현금화할 때 "환율"을 확인하고 싶은 여행자도 있을 것이다. 이때는 "What is the current exchange rate?"라고 질문할 수 있다. 그리고 여행자 수표를 현금화할 때 수수료는 환전 액수의 1-2%라고 한다. 여행 전 한국에서 달러화 현금보다는 달러화 여행자 수표를 좀 더 싸게 살 수 있기에, 번거롭다는 것을 제외한다면 분실염려가 없는 여행자 수표를 가지고 여행하는 것이 현명한 선택이라고 생각한다.

> **우편서비스 구매하기**

    어제 밤늦게까지 썼던 가족과 친구에게 보낼 엽서와 편지를 보내기위해 우체국에 들렀다. 목표 지향적 의사소통 그리고 4단계 절차적 의사소통에 바탕을 두어, 우체국 방문 전에 우체국에서 어떤 대화가 발생할지를 확인해보자. 우체국에서 편지를 보낸다면, 보내는 곳, 편지의 무게와 개수, 그리고 우편서비스 종류(일반우편, 빠른우편, 그리고 익일우편)를 확인할 것이다. 그리고 우편서비스에 대한 보상과 그리고 우체국을 떠나면서 우체국 직원에게 인사를 할 것이다. 4개의 절차 각 단계에 필요한 표현을 확인하였다면, 우체국에서 발생할 수 있는 아래의 상황에서 성공적으로 의사소통 할 수 있을 것이다. 음원을 들으며 함께 우체국에서 실제로 우편물을 보내듯이 함께 대화에 참여하며 확인하자.

🎧

절차	A: 우체국 직원	B: 고객
인사	A: Good morning. How are you?	B: Good morning!
용무	A: How may I help you?	
	B: I would like to send these letters and postcards.	
	A: Where would you like to send them to?	
	B: I'd like to send them to Seoul, Korea.	
	A: Do you need anything else?	
	B: I would like a book of stamps for international mail.	
보상	A: Here you go.	B: How much?
	A: Your total comes to $34.50.	B: Here is my credit card.
	A: Here are your receipt and card.	B: Thanks for your help.
인사	A: Sure. Have a nice day!	B: You too!

    두 번째 단계인 용무단계에서 우편물(편지/엽서/소포)을 보내자. 동사 "send" 또는 동사 "mail"을 사용할 수 있다. "I would like to send(mail)

우편물."이라는 표현을 기억하자. 우표를 살 때, 1장(one stamp), 2장(two stamps), 3장(three stamps)과 같이 표현할 수 있으며, 20장인 경우에는 "a book(또는 sheet) of stamps"라고 할 수 있다. 여행 중에 엽서 또는 편지를 해외로 보낼 때 미국의 경우에는 무게와 상관없이 $1.15이기 때문에, 우표를 사 둔다면 번거롭게 우체국에 오지 않고 우체통에 넣으면 되기에 필요하다면 20장을 사는 것도 좋다.

미국에서 미국 내로 보내는 편지는 우리나라와 같이 "일반우편, 빠른우편, 그리고 익일"로 보낼 수 있다. 용도에 맞게 서비스를 이용하면 된다. 일반우편(Regular)인 경우는 1온스(약 28.3g)까지는 55센트이며, 1온스가 추가되면 15센트의 요금이 추가된다. 엽서는 35센트이다. 그리고 빠른우편(Priority)과 익일우편(Overnight)은 우리나라처럼 무게와 거리에 따라 요금이 달라지니, 우체국에서 직접 확인할 필요가 있다.

지금까지 우체국에서 우편서비스를 구매하는 대화상황을 확인하였다. 우체국 직원의 질문에 완벽한 문장으로 대답하는 것이 부담스럽다면, 유창성 부분에 중점을 두어 파란색 부분만을 사용하여 대답하면 될 것이다. 우체국 직원과 대화를 주고받는 것(Turn-taking)이 부담스럽다면, "I would like to send these letters and cards to Seoul, Korea, and a book of stamps, please."라고 하면 될 것이다.

의료서비스 구매하기

해외여행 중 당신이 경험할 수 있는 다양한 상황 중 하나는, 불운한 사고로 병원을 방문하는 상황도 포함될 것이다. 목표 지향적 의사소통에 바탕을 두어, 병원 방문 전에 병증을 확인하고 그에 맞는 병원과 진료 과를 선택해야 할 것이다. 예를 들면 소화불량으로 인해 내과 의사에게 진료를 받을 필요가 있다면, "I would like to see a doctor in internal medicine." 즉, "I would like to see a doctor in 진료 과."라는 표현은 병원을 방문할 때 필요한 중요한 표현이다.

병원에서 의사에게 당신의 병증을 설명할 수 있는 방법은 다양할 수 있다. 그 중 쉬운 표현을 몇 개만 소개하겠다. 첫 번째 방법은 "신체부위 + hurt(s)."이다. 예를 들면, "배가 아파요."는 "My stomach hurts."이다. "왼쪽 어깨가 아파요."는 "My left shoulder hurts." 그리고 "(두)눈이 아파요."는 "My eyes hurt."라고 할 수 있다. 두 번째 방법은 "신체부위에 통증이 있어요."라는 표현으로 "I have pain in 신체부위."라고 할 수 있다. 예를 들면, "배에 통증이 있어요."라는 표현으로 "I have pain in my stomach."라고 할 수 있다. "오른쪽 귀에 통증이 있어요."라는 표현으로 "I have pain in my right ear."라고 할 수 있다. "왼쪽 다리에 통증이 있어요."라는 표현으로는 "I have pain in my left leg."라고 표현할 수 있다. 세 번째 방법은 "I have a 신체부위+ ache."이다. 예를 들면, "복통이 있어요."라는 표현은 "I have a stomachache."라고 할 수 있다. "어깨에 통증이 있어요."라는 표현은 "I have a shoulder-ache."라고 할 수 있다. 그리고 "치통이 있어요."는 "I have a toothache."라고 표현할 수 있다.

마지막으로, "참을 수 없을 정도로 신체부위가 아파요."라는 표현은 "신체부위 is/are killing me."라고 표현할 수 있다. 예를 들면, "(양쪽) 다리가 참을 수 없도록 아파요."라는 표현을 "My legs are killing me."라고 할 수 있다. "왼쪽 무릎이 참을 수 없도록 아파요."라는 표현은 "My left knee is killing me."라고 할 수 있다. 그리고 "왼쪽 발목이 참을 수 없도록 아파요."라는 표현은 "My left ankle is killing me."라고 할 수 있다.

지금까지의 내용을 정리하면 아래와 같다. 음원을 들으며, 자신의 병증을 표현하는 연습을 하자.

방법	우리말 표현	영어표현
1	배가 아파요.	My stomach hurts.
	왼쪽 어깨가 아파요.	My left shoulder hurts.
	(두) 눈이 아파요.	My eyes hurt.
2	배에 통증이 있어요.	I have pain in my stomach.
	오른 쪽 귀에 통증이 있어요.	I have pain in my right ear.
	왼쪽 다리에 통증이 있어요.	I have pain in my left leg.

3		복통이 있어요.	I have a stomachache.
		어깨에 통증이 있어요.	I have a shoulder-ache.
		치통이 있어요.	I have a toothache.
4		(양쪽) 다리가 참을 수 없도록 아파요.	My legs are killing me.
		왼쪽 무릎이 참을 수 없도록 아파요.	My left knee is killing me.
		왼쪽 발목이 참을 수 없도록 아파요.	My left ankle is killing me.

 병증을 확인하고 표현할 수 있다면, 이제 병원에서 진료를 받는 상황을 확인하도록 하자. 갑작스런 병증 때문에 앰뷸런스가 필요하다면, "Please, call an ambulance!"라고 도움을 요청할 수 있다. 여행과 같은 단기체류가 아니라면, 예약 후 병원방문을 적극 추천한다. 예약 없이 병원을 방문한다면 오랜 시간을 기다려야하는 불편함이 있을 것이다.

 목표 지향적 의사소통에 따라, 4개의 절차적 단계에서 어떠한 대화가 오고갈지를 확인하고 대화에 필요한 표현들을 확인하자. 한국에서 병원을 방문한다면 우선 진료접수를 해야 할 것이다. 그리고 접수과정에서 이름과 신분을 확인하고 의료보험가입 여부도 확인할 것이다. 만일을 대비하여 여행자 의료보험에 가입하기를 적극 추천한다. 그런 후 종합병원(a general hospital)이라면 병증을 확인하고 병증에 따라 진료 과를 결정할 것이다. 그리고 다시 진료 과에 진료 접수를 확인하고 차례를 기다릴 것이다. 이러한 과정은 여행 중 체류국가에서도 유사한 과정으로 진행된다. 우선 4개의 절차적 단계에 따라, 의사진료 전 진료접수에서 발생할 수 있는 대화상황을 음원을 들으며 함께 확인하자.

🎧

절차	A: 병원직원	B: 환자
인사	A: Good afternoon!	B: Hello!
용무	A: How may I help you?	
	B: I would like to see a doctor in internal medicine.	
	A: Do you have an appointment?	
	B: No. Do you accept walk-ins?	
	A: Yes **we do**. Do you have health insurance?	
	B: Yes, I do.	
	A: May I see your ID?	
	B: Here it is.	
보상	A: I see. I will call you when a doctor is available.	
	B: Thank you!	
인사	A: Take care!	B: See you!

　위의 대화내용은 진료접수 상황이다. 각 나라마다 의료시설과 의료상황은 다르다. 당신이 사전 예약 없이 또는 앰뷸런스를 이용하여 의사진료를 받는다면 응급실(Emergency room)이 될 수 있다. 응급실에서도 상대적으로 가벼운 상처이거나 병증이라면 상당히 오랜 시간을 기다릴 수도 있다. 또한 앰뷸런스를 이용하는 것에 대해 상당한 비용을 청구할 수 있으니, 앰뷸런스를 요청할 때 신중히 결정할 필요가 있다. 여행자 건강보험을 구매할 때 이와 같은 것을 상담하고 보험가격이 적정하다면, 완전보장(Full coverage) 보험을 구매하는 것이 좋다.

　진료차례를 기다리며 의사를 만나면 어떤 대화가 으고갈지를 생각해 보았다. 진료의사는 우선 어디가 아픈지 확인할 것이며, 그 다음으로 병증의 원인과 언제 병증이 시작되었는지 확인할 것이다. 그리고 병증을 자세하게 살펴보고, 병증과 관련된 관련증세를 확인할 것이다. 그런 후 현재 복용하는 약이 있는지 확인하고 의사의 소견과 함께 병증에 대한 처방전을 줄 것이다. 한국에서 의사가 이러한 질문을 한다면, 영어권 국가의 의사들도 같은 질문들을 할 것이다. 이러한 질문들에 필요한 영어표현들을 열심히 생각하고 정리하는 동안 어느새 내 진료차례가 왔다. 다음은 4단계 절차에 따라 의사를 만나 진료를 하는 대화상황이다. 음원을 들으며, 병원진료에 관련된 영어표현들을 연습해 보자.

절차	A: 의사 C: 병원직원	B: 환자
인사	A: Hello!	B: Hello! How are you?
용무	A: What brings you in today?	
	B: I have diarrhea.	
	A: Did you eat anything unusual?	
	B: I ate seafood at a restaurant. I rarely eat seafood.	
	A: When did you eat that?	
	B: Last night.	
	A: Do you have a fever?	
	B: Yes, I have a mild fever.	
	A: Do you have a rash too?	
	B: Yes, around my chest and neck.	
	A: How about a headache?	
	B: Yes, I have, but it's not so bad.	
	A: I see. I believe your symptoms are a reaction to what you ate.	
	B: I see. What should I do?	
	A: Do you have an allergy to any medication?	
	B: No, I don't.	
	A: I will prescribe you a digestive medicine. Take one pill twice a day for three days. Also, I will give you a lotion. Put it on the rash once a day for two days.	
	B: Okay. I will. Thank you!	
보상	C: Can I see your insurance card?	
	B: Here your are. How much is it?	
	C: That will $28.	
	B: Here is my credit card.	
인사	C: You are all set. Here are your insurance card and credit card. Take care!	
	B: Thank you. You have a good day.	

　의사가 병증(symptoms)을 확인할 때, 환자가 열(a fever)이 있는지 확인할 것이다(Do you have a fever?). 그리고 소화기 장애라면 소화

장애에 따른 발진(a rash)이 있는지도 확인할 것이다(Do you have a rash?). 있다면 간단하게 "예(Yes)," 없다면 간단하게 "아니요(No)!"라고 답변하면 된다. 의사는 또한 당신이 두통이 있는지도 확인할 수 있다(Do you have a headache?). 같은 방식으로 두통이 있으면 "예(Yes)," 그리고 없으면 "아니요(No)!"라고 답변하면 된다.

의사가 처방전(a prescription)을 내릴 때, 당신이 약품 알레르기(drug allergy)가 있는지 다음과 같이 확인할 것이다. "Do you have a drug allergy?" 또는 "Do you have allergy to any medication?" 약품 알레르기가 없으면, "No, (I don't have)."라고 하면 된다. 혹시라도 약품 알레르기가 있다면, 내원 전에 당신이 어떤 약품에 대해 알레르기가 있는지 꼭 확인하고 메모하여 의사한테 전달 필요가 있다. 진료상담과정에서 질문에 답변하기가 부담스럽다면, 유창성에 중점을 두어 파란색 부분을 중점적으로 이용하여 대답하면 될 것이다.

결론

　지금까지의 이 교재 내용을 정리하면 다음과 같다. 대부분의 의사소통 상황은 4개의 절차적 단계로 구성되었다. 그래서 4개의 절차적 단계에 필요한 표현만으로 어떠한 상황에서도 의사소통이 가능하다고 하였다. 일상생활에서 혼자 있는 상황이 아니라면 누구를 만나든 ❶ 인사를 할 것이며 자신의 ❷ 용무(상품구매 또는 서비스구매)를 해결할 것이다. 그리고 용무에 따른 ❸ 보상이 따를 것이며, 그런 후 헤어지며 다시 ❹ 인사를 건넬 것이다. ❶ 인사에서는 간단히 "Hello/Hi"라는 표현으로, 그리고 ❸ 보상에서는 "How much?"라는 간단한 표현을 사용할 수 있다. 헤어질 때 건네는 ❹ 인사는 "See you!"라는 간단한 표현이 있다. ❶, ❷ 그리고 ❹의 표현은 대부분의 서비스구매 또는 상품 구매에서 공통적으로 발생할 수 있는 표현이다. 그리고 ❸ 용무단계에서, 상품구매에서는 "I am looking for 원하는 상품."이라는 표현으로 대부분의 상품구매 상황에서 자신이 원하는 상품을 구매할 수 있으며, 서비스 구매 상황에서는 "원하는 서비스, please!"라는 간단한 표현으로 성공적으로 의사소통 할 수 있다고 이 교재는 주장하였다. 그리고 다양한 의사소통 상황과 함께 그 가능성을 보여주었다.

　주의할 것은 ❸ 용무 (상품구매와 서비스구매)에서 의사소통 상황은 목표 지향적 의사소통 상황이 필요하다고 하였다. 편의점에서 맥주를 구매할 때는 "I am looking for beers(원하는 상품)."이라는 간단한 표현으로 맥주를 구매할 수 있지만, 옷 가게에서는 "I am looking for 원하는 상품." 이외에도 원하는 색상과 사이즈 그리고 필요에 따라 "문양(무늬: patterned with 문양/무늬"도 설명할 필요가 있기 때문이다.

목표 지향적 의사소통이란, 의사소통 상황을 경험하기 전에 의사소통에서 발생할 수 있는 대화 상황을 미리 확인하고 이해한 후 그 상황을 미리 연습하는 것이라고 하였다. 그리고 해외여행 중에 발생할 수 있는 의사소통 상황은 한국에서 발생할 수 있는 의사소통 상황과 거의 일치한다고 하였다. 예를 들면, 한국에서 옷을 구입할 때도 옷의 종류뿐만 아니라, 옷의 색상과 사이즈 그리고 필요하다면, 옷의 문양(무늬)도 확인한다는 공통점이 있다. 이러한 공통점을 활용하여, 해외여행 가기 전에 해외여행에서 경험할 수 있는 다양한 의사소통 상황을 한국에서 미리 연습할 수 있다고 하였다. 이러한 견해는 4개의 절차적 단계로 구성된 한국의 의사소통 상황과 영어권 국가의 의사소통과 일치한다는 "넓은 의미의 보편적 핵심: Macro common core"에 바탕을 두었다.

이 교재는 4개의 절차적 단계의 표현만으로 의사소통할 수 있다는 가능성을, 당신이 해외여행에서 경험할 다양한 의사소통 상황과 함께 설명하였다. 당신은 이 교재에서 소개한 의사소통 상황이, 여행 중에 당신이 경험할 모든 의사소통 상황을 소개하기에는 부족하다고 생각할 수도 있다. 그러나 이 교재는 모든 발생 가능한 의사소통 상황을 소개하여 당신의 영어 학습 부담을 높이기보다는, "좁은 의미의 공통적 핵심: Micro common core"에 바탕을 두어 4개의 절차적 단계에 필요한 표현만으로 다양한 상황에서 성공적으로 의사소통할 수 있는 능력을 발달시킬 수 있도록 내용을 구성하였다.

예를 들면, 관람(오락) 서비스 구매에서, 박물관, 미술관, 영화관, 연극, 콘서트, 오페라, 그리고 놀이동산은 같은 절차적 단계로 진행된다. 인사 – 서비스 구매(입장권 구매) – 보상 – 인사. 그리고 상품구매의 4개의 절차적 단계인 인사 – 상품구매 – 보상 –인사는 대형마트나 소형마트, 편의점, 기념품

판매점, 면세점과 같은 대부분의 상점에서 통용될 수 있다. 식음료 서비스 구매도 패스트푸드점, 일반식당과 카페와 같이 음식과 음료를 판매하는 대부분의 장소에서 통용될 수 있다. 따라서 이 교재에서 소개한 의사소통 상황이 전부를 설명하지 않다고 하더라도, 여행 중 당신이 경험할 수 있는 대부분의 의사소통을 소개하였다고 볼 수 있다. **혹시라도 이 교재에서 소개하지 않은 의사소통 상황이 있다면, 목표 지향적 의사소통에 바탕을 두어, 4개의 절차적 단계에 필요한 표현을 의사소통 상황에 앞서 미리 확인하고 연습하고 준비한다면,** 어떠한 상황에서도 성공적으로 의사소통 할 수 있을 것이다.

끝으로, 의사소통 상황에서 4개의 절차적 단계에 필요한 표현들은 다시 한 번 부록에서 상품 그리고 서비스 구매에 따라 정리하였다. 정리된 표현과 함께 목표 지향적 의사소통에 바탕을 두어, 한국의 다양한 상황에서 리허설 하듯이 영어의사소통 연습을 한다면, 여행 중 어떠한 상황에서도 성공적으로 영어로 의사소통 할 수 있을 것이다. 그리고 다시 한 번 강조한다면, "**넓은 의미의 보편적 핵심**"에 바탕을 두어 한국에서 리허설 하듯이 영어의사소통 연습을 한다면, 일상생활에 필요한 영어의사소통능력(Survival English)을 한국에서도 자연스럽게 발전시킬 수 있다. 또한 4개의 절차적 단계에 필요한 표현만으로 의사소통 할 수 있다는 자신감이 생기면, 해외여행 중 좀 더 적극적으로 의사소통에 참여하여, 영어로 말하면서 그리고 상대방 말을 들으면서, 영어 의사소통 능력을 더욱 발전시킬 수 있을 것이다. "영어능력 8시간 완성방법: 말하기 편" 기초단계인 이 교재를 활용하여 영어 말하기 능력 발달에서 만족스런 결과를 얻었다면, 다음 단계인 "**영어 말하기 능력 8시간 완성방법**"과 함께 영어 말하기 능력을 더욱 발전시키기를 권고한다.

부록

● 4개의 절차적 단계

❶ 만날 때 인사

구분	판매직원	고객
첫 만남	How do you do?	How do you do?
	Nice to see you!	Good to see you!
	Nice to meet you!	Good to meet you!
일상적 인사	Hello!	Hi!
	How are you?	How are you?
	How is it going?	How is it going?
	How are you doing?	How are you doing?
	What's going on (with you)?	What's going on (with you)?
시간에 따른 인사	Good morning!	Good morning!
	Good afternoon!	Good afternoon!
	Good evening!	Good evening!
	Good night!	Good night!

❷ 용무

구분	판매직원	고객
상품구매	May I help you?	I am looking for 원하는 상품.
	How can I help you?	Do you have 원하는 상품.
	What can I do for you?	Please, help me find 원하는 상품.
	What are you looking for?	I need 원하는 상품.
서비스 구매	How may I help you?	I would like 원하는 서비스
	What can I do for you?	I would like to have a haircut.
	May I help you?	I would like two admission tickets.

❸ 보상

상품수량	우리말	영어
단수물품	이거 얼마에요?	How much is this?
	그거 얼마에요?	How much is it?
	저거 얼마에요?	How much is that?
	구매상품 얼마에요?	How much does 구매상품 cost?
	구매상품 얼마에요?	How much should I pay for 구매상품
복수물품	이것들(모두) 얼마에요?	How much are these?
	그것들(모두) 얼마에요?	How much are those/they?
	저것들(모두) 얼마에요?	How much are they?
	구매상품들 얼마에요?	How much do 구매상품들 cost?
	구매상품들 얼마에요?	How much should I pay for 구매상품들
모든 상황	대화의 책임을 공유한다면	How much?

*대화의 책임을 공유하는 것은, 구매자와 판매자 모두 무엇에 대한 보상인지 알고 있다는 것을 의미한다.

● 서비스구매 (예: a haircut = 이발)

우리말	영어
이발(서비스) 얼마에요?	How much is a haircut?
이발 얼마에요?	How much does a haircut cost?
이발 얼마에요?	How much should I pay for a haircut?
이발하는데 얼마에요?	How much is it to have a haircut?
이발하는데 얼마에요?	How much does it cost to have a haircut?
대화의 책임을 공유한다면	How much?

● 지불방법:

A: 판매자	B: 구매자
A: How would you like to pay, by cash or credit card? 어떻게 지불하시겠어요? 현금이요? 아니면 카드?	
	I would like to pay by card, please! 카드로 지불하겠습니다.

❹ 헤어질 때 인사

판매자	고객
Good bye!	Bye-bye
See you again!	See you!
Have a good day!	Have a nice day!
Have a good evening!	Have a nice evening.
Have a good night!	You too!

● 길 묻기/길 안내하기

우리말	영어표현
우체국(원하는 장소)을 찾고 있어요.	I am looking for the post office.
	Where is the post office?
	Could you tell me where the post office is?
	Do you know where the post office is?
왼쪽으로 가세요!	Make a left turn, please!
	Turn left, please!
두 번째 골목에서 왼쪽으로 가세요!	Take a second left, please!
오른쪽으로 가세요!	Make a right turn, please!
	Turn right, please!
셋 째 골목에서 오른쪽으로 가세요!	Take a third right, please!
쭉 가세요!	Go straight, please!
	Keep going straight, please!
두 블록 가세요!	Go straight for two blocks, please!
100 미터 가세요!	Go straight for 100 meters!
거리를 따라 쭉 가세요!	Go down the street, please!
	Go up the street, please!
길을 건너세요!	Cross the street!
	Cross the road!

교통수단 이용하기

● 정류장 위치 확인하기

교통수단	표현
택시	Excuse me! Where is the taxi stop?
	Excuse me! Do you know where I can take a taxi?
버스	Excuse me! Would you tell me where I can take a bus?
	Excuse me! Where is the bus stop?
지하철	Excuse me! Could you tell me where I can take a subway?
	Excuse me! How can I get to the subway station?

● 교통수단 이용하기

절차	교통수단	표현
인사	공통	Good morning! (Afternoon/Evening)/How are you?
구매	택시	목적지, please!
	버스	Is this (bus) for 목적지? 또는 Is this to 목적지?
	지하철	(주변사람에게 확인) Is this for 목적지? 또는 Is this to 목적지?
보상	택시	How much should I pay?
	버스	*How much is the fare for 목적지?
	지하철	(역무원에게 확인) +How much is the fare for 목적지?
인사	공통	(Good) bye/See you/Have a good day!

● 관람(오락) 서비스 구매하기

　서비스를 구매하는 상황에서 판매자는 다양한 방법으로 구매자의 용무를 확인할 수 있다고 하였다. 일부를 예로 들자면, "How may (can) I help you?" "What can I do for you?" "What would you like?" "What are you looking for?"등이 있다. 그리고 구매자는 보통 이와 같은 질문에 보통 두 가지 방법으로 서비스를 구매할 수 있다. 첫째, "I would like 서비스."이다. 예를 들면, "I would like a haircut." "I would like two admission tickets." "I would like more coffee." 등이 좋은 예가 되겠다. 둘째, "I would like to 행위 + 행위 대상."이 있다. 위의 문장을 예로 들자면, "I would like a haircut." 대신에 "I would like to have a haircut."이라고 할 수 있다. "I would like two admission tickets." 대신에 "I would like to buy two admission tickets."라고 할 수 있다. 끝으로, "I would like more coffee."라는 표현 대신에, "I would like to drink more coffee."라고 표현할 수 있는 것이다. 본문에서도 설명했지만, 아주 간단한 표현으로는 "원하는 서비스, please!"가 있다. 예를 들면, "Haircut, please!" "Two admission tickets, please!" 그리고 "More coffee, please!"라고 할 수 있는 것이다. 그러므로 이 아주 간단한 표현은 해외여행 중 어떠한 의사소통 상황이든 사용할 수 있기에 꼭 기억할 필요가 있다.

관람서비스에서 시간과 좌석을 결정할 필요가 있다면 "I would like 원하는 시간(좌석)." 또는 "I would like to 행위 + 행위대상."이라고 표현할 수 있다. 서비스를 구매하는 것이므로, "원하는 시간, please!" 또는 "원하는 좌석, please!"라고 간단히 표현할 수 있다.

판매자	구매자
How may I help you?	I would like to buy two tickets.
What would you like?	I would like two tickets for adults.
What are you looking for?	I would like to get two tickets for adults.
What can I do for you?	Two admission tickets for adults, please!
What time show would you like?	I would like the 12:20 show, please!
Where would you like to sit?	I would like to sit in the middle, please!
Would you like seat K23?	Yes, I would.

● 상품 구매하기

판매자	구매자
May I help you?	I'm just looking around, thanks.
May I help you?	I'm just browsing, thank you.
What are you looking for?	I am looking for mugs and key chains.
What do you need?	I need a pair of shoes.
What size do you wear?	I wear an XL.
What color would you like?	I would like light blue, please.
What are you looking for?	Do have a T-shirt patterned with puppies?
Do you like it?	This is too tight for me. Do you have a bigger size?
Do you like it?	This is too dark for me. Do have this in another color?
Do you like it?	Yes, I will take it.

● 음식(음료) 서비스 구매하기

    관람(오락)서비스는 표를 통해서 구매가 이루어지듯이, 음식(음료) 서비스는 주문(order)을 통해서 이루어진다. 따라서 주문에 관련된 표현을 확인하고, 주문에 대한 답변을 할 수 있으면, 자신이 원하는 음식(음료)을 주문하여 즐길 수 있을 것이다.

● 식당에서

주문	직원	고객
공통	Can I take your order?	Yes, I would like one Americano.
	Are you ready to order?	Yes, I would like a Napoli pizza.
	What would you like to order?	I would like to have a spaghetti.
	What can I get you?	Grilled chicken salad, please!
	Would you like to order now?	Yes, I will have a steak.
음료	What would you like to drink?	A glass of orange juice, please.
	Can I get you anything to drink?	I would like to have a lemonade.
	Would you like anything to drink?	A glass of beer, please.
	Anything to drink?	Coke, please!

| 전식 | Would you like anything for appetizer? | Yes, I would like a calamari, please. |
| 후식 | Would you like anything for dessert? | Yes, I would like to have an ice cream, please. |

● 카페에서

직원	고객
What can I get you?	I have a tripple short Mocha?
For here or to go?	For here, please.
Would you like it hot or iced?	Iced, please!
What size would you like to order?	I would like to have a grande.
Would you like anything else?	Skinny and easy on foam, please!
Is that all?	Another thing is, put some vanilla syrup on it, please.

● 전화로 음식 주문하기

직원	고객
Hello! Mama Jane's! Can I take your order?	I am calling from 328 Lang's Tower, 106 Curl Drive. I would like to order a pizza.
Is that for pick-up or delivery?	For delivery, please!
What kind of pizza would you like?	I would like a pepperoni pizza, please.
What size would you like?	I would like XX-large, please.
What kind of crust would you like?	Cheese roll, please!
What toppings would you like?	Extra cheese and sausage, please!
Would you like anything else?	I have a 20%-off coupon

기타 서비스

● 은행서비스 구매하기

해외여행 중 은행에서의 업무는 여행자 수표를 현금화(Cash a check)하거나 아니면 환전(Exchange currency)일 것이다. 이 두 개의 상황에서 발생할 수 있는 대화를 아래와 같이 정리하였다.

은행직원	고객
How may I help you?	I would like to cash a check, please.
Go to window 3, please.	Okay.
What can I do for you?	I would like to exchange some money.
What would you like to exchange?	I would like to change some dollars to Euros.
How much would you like to exchange?	Five hundred dollars, please! What is the exchange rate?
The exchange rate between dollars and Euros is 0.92 on one dollar.	I see.
We will charge you a 3% fee for exchange.	Okay.
How would you like your money?	I like 4 hundred bills, 3 twenty-dollar bills, 2 ten-dollar bills, 3 five dollar bills, and 5 one-dollar bills.

● 우편서비스 구매하기

우체국직원	고객
Can I help you?	I would like to mail this letter to Seoul, Korea.
Anything else?	I would like to get a book of stamps.
Here you go.	Thanks.

● 의료서비스 구매하기

의사	환자
What brings you in **today**?	**I have** pain in my stomach.
Why are you here?	**I have** a headache.
What hurts?	My right ankle hurts.
What's the matter with you?	My left eye is killing me.
Do you have a fever?	Yes, I have a mild fever.
Do you have a rash, too?	No, I don't.
Do you have a headache?	Yes, I have.

길찾기 대화 원고

- 사례1

A: "Excuse me, where is the post office?"
B: "Cross the street, and turn right. Then take the first left and go straight, and you will find the post office on your left at the corner of Uhno-ro and Sarang 2-ro."

- 사례2

A: "Excuse me, would you tell me where Jaemi Cinema is?"
B: "Sure! Go straight for about two blocks, and make a right turn at Darak Cafe. Then go straight for about 100 meters, and you will find it on your left right across from the bakery."

- 사례3

A: "Excuse me, do you know if there is a bookstore around here?"
B: "Yes. I will tell you where it is. Cross the road and turn right. Then take the second left, and turn right at Jumbo fitness center. Go straight for about 50 meters and you will find it on your right."

길 안내하기

- 사례1

A: "Excuse me, I'm trying to find a flower shop around here."

B: "Okay. Let me help you. Cross the street, and turn right. Then make a left turn at Giant Ice cream. Go straight until you find Ginko's on your left. The flower shop is right across from Ginko's."

- 사례2

A: "Excuse me. Do you know where I can find a convenience store?"

B: "Yes. Go straight until you reach Lane Avenue. Cross the street in front of Korean Restaurant at the corner of Lane Avenue and High Street. Right across from the restaurant, you will find a convenience store."

- 사례3

A: "Excuse me. Could you tell me where the museum is?"

B: "Sure. First cross the street, and turn left. Go straight and make a right turn at the gas station. Then continue and you will find the Ohio Museum on your right, right after you cross Cleveland Avenue."